Ler e saber

para Ian e seu sorriso,
antes de uma aventura

Ler e saber

Os livros informativos para crianças

Ana Garralón

TRADUÇÃO Thaís Albieri e Márcia Leite

 gato letrado

LER E SABER – OS LIVROS INFORMATIVOS PARA CRIANÇAS
© edição brasileira: Editora Pulo do Gato, 2015
© Ana Garralón, 2013

Publicado pela primeira vez na Espanha, em 2013, pela Tarambana Libros
Título original: *Leer y saber - los libros informativos para niños*

COORDENAÇÃO PULO DO GATO Márcia Leite e Leonardo Chianca
DIREÇÃO EDITORIAL Márcia Leite
INDICAÇÃO Dolores Prades
TRADUÇÃO Thaís Albieri e Márcia Leite
ASSISTÊNCIA EDITORIAL E REVISÃO Claudia Maietta
PROJETO GRÁFICO Mayumi Okuyama
DIAGRAMAÇÃO E ICONOGRAFIA Miguel Estêvão
IMPRESSÃO Santa Marta

A edição deste livro respeitou o novo
Acordo Ortográfico da Língua Portuguesa.

CIP-BRASIL. CATALOGAÇÃO NA PUBLICAÇÃO
SINDICATO NACIONAL DOS EDITORES DE LIVROS, RJ

G224L
  Garralón, Ana
    Ler e saber – Os livros informativos para crianças/Ana Garralón;
  [tradução Thaís Albieri, Márcia Leite]. – 1. ed. – São Paulo:
  Editora Pulo do Gato, 2015.
    240p.; 21 cm. (Gato Letrado; 7)

  Tradução de: *Leer y saber - los libros informativos para niños*.
  ISBN 978-85-64974-86-9

  1. Leitura – Estudo e ensino. 2. Incentivo à leitura. 3. Livros e leitura.
  I. Albieri, Thaís. II. Leite, Márcia. III. Título. IV. Série.

15-26377
                                    CDD: 372.4
                                    CDU: 373.3.046-021.64

Índices para catálogo sistemático:
1. Livros e leitura 028
2. Literatura infantojuvenil: aplicação em sala de aula: educação   371-3

1ª edição • 2ª impressão • março • 2023
Todos os direitos desta edição reservados à Editora Pulo do Gato.

pulo do gato   Rua General Jardim, 482, conj. 22 • CEP 01223-010
São Paulo, SP, Brasil • TEL.: [55 11] 3214 0228
www.editorapulodogato.com.br • gatoletrado@editorapulodogato.com.br

Sumário

8   Apresentação

PARTE 1

POR QUE NECESSITAMOS DE LEITORES COM NOVAS COMPETÊNCIAS?

15   **1.** Os novos leitores: por que precisamos ler (mais) livros informativos?

28   **2.** Algumas perguntas para começar

38   **3.** Dez ideias sobre o que é um livro informativo

PARTE 2

EXPLORANDO OS LIVROS INFORMATIVOS

55   **4.** Um novo conceito de livro

57   **5.** Um pouco às pressas: aspectos formais
             Quem faz o livro   57
             Os reponsáveis pelo projeto gráfico e pela publicação do livro   64
             Título e tema   66
             Organização geral   70

81 **6.** Uma leitura tranquila: os conteúdos
   Como avaliar os conteúdos 82
   O que é divulgar 83
   Como reconhecer os níveis de leitura 86
   Dos detalhes pouco científicos: a teleologia e o antropomorfismo 104

108 **7.** A imagem: como se representa o saber
   Funções das imagens 112
   Usos e abusos da fotografia 115
   Os desenhos 119
   Gráficos, esquemas 126
   A escala conta ou não conta? 126
   A HQ também diz algo 129

135 **8.** O fenômeno Dorling Kindersley
   A organização interna 137
   Trabalho multidisciplinar 138
   O código visual 138
   O código textual 141

143 **9.** O texto: como o mundo é contado
   A arte de divulgar 143
   Tipologia nos textos informativos 147
   Organização da informação 160
   Sobre a intencionalidade, o ponto de vista e o enfoque 163
   Textos abertos, textos fechados 171

PARTE 3

**LER E COMPREENDER LIVROS INFORMATIVOS:
IDEIAS PARA INCENTIVAR A LEITURA**

176 **10.** A complexidade na leitura dos livros informativos

194 **11.** A importância dos mediadores

201 **12.** Ideias para o uso de livros informativos em casa, na escola e na biblioteca
   Atividades que antecipam a leitura 204
   Atividades durante a leitura 212
   Atividades para depois da leitura 215
   Comentários finais 219

226 Bibliografia

238 SOBRE A AUTORA

Apresentação

No final dos anos 1980 (século passado!), eu trabalhava na revista *Educación y Biblioteca** como responsável pela seção de livros para crianças. Nesse período, por ocasião da reforma educacional na Espanha, a produção de livros informativos começou a se multiplicar, o que nos motivou a aceitar o desafio de analisar todos os títulos que chegavam à redação. Como esse fenômeno já havia ganhado força na França, pudemos contar com o apoio teórico de nossos colegas franceses que, havia um bom tempo, analisavam e escreviam sobre o que chamavam *documentaire*. Desde o primeiro contato, esse gênero de livro chamou minha atenção e me deixou fascinada.

Ignorados por outras revistas, classificados como "livros paradidáticos", sem adoções nas escolas — que preferem livros de ficção — ou prêmios para esse tipo de produção, em *Educación y Biblioteca* fomos ampliando cada vez mais o espaço dedicado aos livros que falavam sobre a ciência, as invenções, a sociedade, personagens históricos ou a arte. O que não significou que fomos pioneiros: o fato é que ninguém levava a sério esse tipo de leitura para crianças. Sempre fiéis ao espírito

---

* *Educação e Biblioteca*: revista espanhola publicada entre maio de 1989 e junho de 2011 especializada em bibliotecas, literatura infantil, educação, recursos e leitura.

de nos comunicarmos com outros países de língua espanhola, foi por meio de nossas páginas que as resenhas de livros publicados na América Latina começaram a ser divulgadas, assim como entrevistas de editores e autores precursores que exploravam a divulgação científica em livros bastante originais.

Desde então, os livros informativos ganharam espaço em minha vida profissional. Uma rápida passada de olhos na bibliografia deste livro comprovará o fruto de anos de leitura, de pesquisa e de intercâmbios. Minha intenção é compartilhar tudo aquilo que aprendi e desfrutei, oferecendo um novo foco de discussão sobre o que é ser leitor nos dias atuais e como podemos ajudar as crianças a ampliar suas leituras e sua competência leitora. Gostaria, além disso, de apoiar os mediadores, oferecendo-lhes ferramentas que permitam que se relacionem facilmente com os livros informativos, que sempre propiciam leituras maravilhosas e surpreendentes quando trabalhados em grupo. Espero traduzir nestas linhas o "espírito" das oficinas que caracterizam meus encontros com os mediadores.

A primeira parte traz uma introdução ao gênero (capítulo 1), as dúvidas que suscitam (capítulo 2), sua definição e possibilidades (capítulo 3). Na segunda parte faço uma desconstrução dos livros informativos, para aqueles que não têm tanto tempo para analisá-los (capítulos 4 e 5) e mais detalhadamente, com pontos-chave na análise de conteúdos (capítulo 6), para aqueles que desejam se aprofundar. A imagem é um elemento poderoso nos livros informativos (capítulo 7), característica facilmente exemplificada nos livros publicados pela editora Dorling Kindersley, à qual dedico todo um capítulo por seu pioneiro e controverso trabalho (capítulo 8). Também analiso o texto (capítulo 9), observando o ponto de vista, a informação, os tipos de texto empregados para a divulgação e as formas de organizar a informação. Os últimos capítulos (10, 11 e 12) da terceira parte são dedicados à importância da "pauta" e da mediação no auxílio à compreensão leitora e à difusão dos textos expositivos nos contextos educativos e familiares.

Gostaria também de registrar que este livro não é resultado somente de meu trabalho pessoal. Durante muitos anos tenho realizado oficinas junto a mediadores de leitores e esse constante intercâmbio, bem como a necessidade de renovar meu discurso, foram elementos fundamentais para que eu pudesse crescer em ideias e conteúdos.

Por último, gostaria de agradecer a todos que apoiaram meu trabalho, inclusive quando incipiente, desafiando-me a compartilhar e a melhorar meus conhecimentos: Banco del Libro em Caracas (Venezuela), Fundalectura em Bogotá (Colômbia), Plan Nacional de Lectura da Secretaria Pública do Estado de México (de 2000 a 2005), Consejo Puebla de Lectura (México), Conversas ao Pé da Página, em São Paulo (Brasil) e às instituições e órgãos públicos com os quais já trabalhei.

Agradeço também às pessoas que me acompanharam, às vezes em momentos muito pontuais, mas de grande significado, e às vezes por um longo período. Quero agradecer a Denise Escarpit, Daniel Goldin, María Elvira Charria, Elisa Bonilla, Carmen Barvo, Carla Baredes, Carlos Sánchez Lozano, Graciela Prieto, Luis Bernardo Yepes, Luisa Díaz e Dolores Prades, pelo estímulo e carinho. Meu agradecimento especial a Ángela Marcos, do Centro de Documentação da Fundação Germán Sánchez Ruipérez por ter facilitado minhas pesquisas com uma velocidade relâmpago.

Ana Garralón

PARTE 1

Por que necessitamos de leitores com novas competências?

1. Os novos leitores: por que precisamos ler (mais) livros informativos?

Há muitas razões para estimular as crianças a lerem livros informativos. O mundo gira a uma velocidade vertiginosa: os progressos tecnológicos nos supreendem a cada dia, as notícias nos trazem informações dos mais diferentes lugares, e, ainda que hoje se viaje mais do que nunca, em alguns aspectos parecem que as coisas não mudaram tanto assim. Perguntas básicas sobre a vida, a família, a escola, o corpo humano, o crescimento continuam sendo formuladas. Uma quantidade imensa de informações surge e desaparece de forma desorganizada e incompleta. Os livros podem ajudar as crianças a ordenar esse mundo de informações dispersas: ao se concentrarem na leitura de um determinado tema, acabam por sentir que controlam um pouco mais o mundo ao redor.

Há muitos mediadores e pesquisadores que ressaltam as qualidades do livro informativo na formação do leitor. John Spink* (1989) disse a esse respeito: "um livro informativo pode provocar novas ideias e descobertas de linguagem, cativando o leitor da mesma maneira que um texto literário". A especialista e bibliotecária Betty Carter contrapõe a tendência de se classificar

---

* As obras dos autores citados encontram-se relacionadas na parte destinada às fontes bibliográficas, após o último capítulo.
[N. da E.: Todas as notas de rodapé deste livro foram elaboradas e acrescentadas pela editora.]

a literatura de ficção como "leitura estética" (ou seja, uma forma de experimentar diferentes emoções por meio do texto, como rir e chorar) com "leitura eferente", na qual o livro oferece ao leitor algo concreto: fatos ou informações. A pesquisadora afirma que esses dois tipos de leitura não se contrapõem e que por meio da leitura eferente também é possível alcançar a leitura estética, o que ajudará a formar leitores para toda a vida: "a não ficção é tão importante e até mesmo vital para os jovens, oferece informações que levam ao respeito e à satisfação. Introduzir livros que apresentam novos modelos para organizar o conhecimento serve muitas vezes como ponto de partida para inquietações que nos acompanharão durante toda a vida" (Carter, 1990).

Isso é o que foi comprovado por pesquisadores e especialistas para quem as fronteiras entre um livro informativo e um livro de ficção não estavam tão claras quanto estão agora. Umberto Eco[1] assim explica: "as narrativas não romanceadas, a história dos dinossauros, a descoberta do rádio por Madame Curie, algumas perguntas milenares sobre o mundo, a vida e a morte fizeram parte de minha vida" (Eco, 2002).

Os livros informativos oferecem ao leitor a oportunidade de utilizar qualquer tipo de livro, de manipular o material com o qual se inicia o conhecimento, de informar-se com precisão sobre um tema específico, de comparar diferentes perspectivas, de formar uma opinião particular. O livro informativo deveria ser a porta de entrada para se ter acesso, na vida adulta, às obras mais complexas. Ele deveria mostrar às crianças que uma pergunta pode ter várias respostas e que existem

---

[1] Umberto Eco, nascido em 1932, é escritor, filósofo, semiólogo, linguista e bibliófilo italiano conhecido internacionalmente. Autor de *O nome da rosa*, entre outros romances e ensaios.

avanços tecnológicos associados à modernidade, por sua vez, que podem provocar catástrofes. Tudo isso lhes daria, certamente, condições de se tornarem pequenos investigadores. O Prêmio Nobel de Medicina Severo Ochoa[2] chegou a afirmar: "não conheço emoção maior que a de descobrir". Outra opinião também reveladora é a do pensador Francis Bacon: "a surpresa é a semente do conhecimento". Para as crianças que perguntam o tempo todo sobre tudo que as rodeia e para quem a surpresa e a curiosidade são absolutamente naturais, os livros informativos são um recurso a mais para que se desenvolvam como pessoas críticas.

Apresentaremos a seguir algumas justificativas que definirão com mais precisão os eixos temáticos com base nos quais este livro se orienta.

Permitem o acesso à cultura escrita

A leitura inaugura uma nova etapa no desenvolvimento cognitivo das crianças. Para nós leitores, já acostumados a ler de diferentes formas, os textos escritos são uma maneira prática e acessível de comunicação. Ao aprenderem a ler e a escrever, porém, nem todas as crianças desenvolverão as mesmas capacidades para se relacionar com a palavra escrita em um mundo onde ela predomina em todas as situações: desde comprar uma passagem aérea em um site até ler a bula de um medicamento ou encontrar determinada informação em um guia de viagem.

2 Severo Ochoa, bioquímico espanhol nascido em 1905 e naturalizado estadunidense em 1956. Recebeu o Nobel de Fisiologia ou Medicina de 1959 por suas pesquisas com o RNA, em conjunto com o bioquímico estadunidense Arthur Kornberg, pelas pesquisas com o DNA.

Uma coisa é estar alfabetizado, outra é ser um leitor competente capaz de compreender os textos, refletir sobre eles e utilizar recursos próprios para transformar a leitura em conhecimento.

O acesso à leitura escrita ajuda a entender o mundo e a conhecer o lugar que nele ocupamos (Meek, 2004). Diante de uma leitura que se baseia nos sentidos e nas emoções, os livros informativos ajudam a construir um comportamento leitor de acordo com valores pensados.

Ler não só implica decifrar letras, mas também decodificar sinais, imagens, gráficos e desenhos. Quando os leitores controlam esses saberes e são capazes de distinguir os diferentes textos de acordo com suas finalidades, podemos aproveitar a leitura para muitos propósitos: investigar, conhecer um tema com mais profundidade ou, até mesmo, deixar-nos surpreender por um relato que poderá abrir janelas para novos conhecimentos.

Ampliam os recursos de linguagem

As crianças ficam fascinadas quando descobrem como as coisas funcionam. A linguagem é uma impressionante construção que transmite ideias e emoções: o ritmo, a gramática e o vocabulário contribuem para a decifração dessa arquitetura da linguagem. Um bom livro informativo sempre estimula as crianças a buscar o significado de determinadas palavras, a apoiar-se nas imagens para compreender os parágrafos mais complexos, a sentir que são sujeitos ativos no ato de ler.

Em determinadas situações, os livros informativos exigem um esforço para sua compreensão que não encontramos nas narrativas. Ao ler um romance, podemos saltar alguma parte ou ignorar determinadas palavras, ao passo que, com os textos informativos, necessitamos compreender a maioria das expressões para entender o significado do conteúdo que nos querem transmitir. Também devemos nos habituar a uma forma diferente de "contar", ou seja, usamos recursos, como enumerar, comparar, fazer analogias sempre que nos deparamos com situações fora de nossa realidade, ou com experiências que nem sempre podemos comprovar. Os textos informativos distinguem-se dos narrativos: argumentam, expõem, comparam, estabelecem analogias, descrevem fatos, utilizam linguagem técnica e precisa, exigindo, muitas vezes, o emprego de glossários.

A habilidade do escritor ou do pesquisador terá um fator determinante para que a conexão com o leitor aconteça. Um livro sobre gatos, por exemplo, soará mais familiar que outro sobre astronomia, porém, o interesse no tema e a prática na leitura desse tipo de texto provocará gradativamente a ampliação do vocabulário e estimulará o desenvolvimento de competências leitoras que farão com que as crianças se sintam mais bem preparadas para enfrentar um mundo em que o acesso à informação quase sempre está relacionado à posição social.

Oferecem informação estruturada e ordenada

Ainda que a informação pareça estar em toda parte e à mão de quem necessite dela, com as crianças isso não acontece de forma tão simples. Ter acesso aos computadores, por exemplo, não garante que elas tenham condições de encontrar a informação que procuram. Os sites de busca selecionam cada vez mais os dados que oferecem, de modo que até experientes usuários de internet recorrem a buscadores avançados para chegar à informação de que necessitam. Os livros informativos para crianças, por outro lado, foram elaborados e produzidos por especialistas: editores, ilustradores, diagramadores, pesquisadores e fotógrafos. Apresentam coerência na relação tema/conteúdo e foram escritos especialmente para serem compreendidos pelos leitores em formação. Oferecem informação estruturada, ponto de vista e argumentos que podem ser comprovados em outras fontes ou até mesmo por meio do próprio repertório ou experiência do leitor. O uso frequente desses livros lhes oferece a possibilidade de conhecer distintas formas de "contar" o mundo. Essa familiarização com as diferentes estruturas de textos será de grande valia quando tiverem de responsabilizar-se por sua própria aprendizagem. "A educação é, entre outras coisas, a aprendizagem de métodos para guiar a própria subjetividade" (José Antonio Marina[3], 2009).

Os livros podem estar à mão em muitas ocasiões: em casa, na biblioteca, na escola. Muitos fazem parte de interessantes coleções, quase sempre organizadas por temas que oferecem diferentes opções de leitura — eles praticamente pedem para que sejam lidos. Em minhas visitas a bibliotecas infantis, sempre encontro crianças interessadas em livros informativos, muitas vezes até mais que pelos livros de ficção. Um livro sobre dinossauros costuma, à primeira vista, ser mais fascinante que uma história, e, por saberem disso, as crianças passam muito tempo observando, hipnotizadas, imagens que as levam a outro tempo e lugar.

A edição e produção desses livros, planejada e diagramada

---

[3] José Antonio Marina nasceu em 1939. Escritor, pedagogo e filósofo espanhol, recebeu o título Doutor Honoris Causa pela Universidade Politécnica de Valência em 2003.

especialmente para a compreensão, favorece a observação e a identificação, ajuda a fazer relações, a abstrair, a memorizar, a dar sentido e a transformar as informações em conhecimento.

Ajudam a compreender o mundo

Nos dias atuais, tudo aquilo que foi inventado pelo homem, assim como tudo o que se encontra na natureza, representam uma enorme quantidade de informações à qual se pode ter acesso. Em outras épocas, muitos lugares do planeta eram conhecidos apenas por meio dos depoimentos de intrépidos exploradores. Viajar para outro país era caro e demorado, e as pessoas, salvo alguns destemidos pesquisadores, se conformavam em imaginar como deveriam ser todos esses lugares. Atualmente, graças à tecnologia, aos meios de comunicação e ao desenvolvimento de sofisticados sistemas de pesquisa, é possível saber o número de espécies existente em determinada floresta ou quais são as condições de vida de um lugar remoto do planeta.

O mundo se tornou mais complexo desde o tempo de nossos bisavós e por isso é necessário que as crianças tenham recursos para organizá-lo. E, como nos alerta o filósofo José Antonio Marina: "A realidade bruta não é habitável: é preciso dar-lhe significados, segmentá-la, dividi-la em habitações e construir corredores e pontes para ir de um aposento a outro" (Marina, 1994).

É preciso ajudar as crianças a construir seu mundo, preenchendo-o de perguntas. Uma das maneiras de auxiliá-las é oferecer livros informativos que favorecerão que se tornem futuros leitores críticos e seletivos diante dos textos científicos, da política e da filosofia.

Desenvolvem o pensamento crítico

Tudo o que foi criado pelo homem é maravilhoso: voar em aviões, locomover-se por meio de barcos, realizar sofisticadas cirurgias, alcançar a Lua, aquecer-se no inverno, alimentar-se quando não há comida fresca, mandar notícias de um ponto a outro do planeta. É importante, porém, que as crianças saibam que as coisas nem sempre foram dessa maneira e que compreendam que, não faz tanto tempo, os transportes eram bem diferentes, assim como as condições de vida em geral. Os livros podem nos mostrar como se vivia antigamente, o que acontecia quando não havia medicamentos, como a penicilina ou a anestesia, o que as crianças faziam quando não havia escolas ou como os modelos de aviões foram evoluindo em sua construção.

Por outro lado, a ação do homem também foi responsável por muitos desastres: bombas atômicas, armas de destruição, exploração dos recursos naturais, distribuição desigual de riquezas, corrupção nas relações políticas, entre tantos outros feitos. Todas essas contradições, que se apresentam em diferentes áreas do conhecimento, também estão presentes nos livros informativos e mostram que as dúvidas também fazem parte do próprio processo científico e social. É dessa forma que os leitores aprenderão que a ciência não é algo fechado e que é possível explorar os pontos de vista dos pesquisadores para se chegar às suas próprias conclusões.

Cada livro, até mesmo os mais técnicos, transmite a visão de mundo de seu autor. Algumas vezes, porém, aquilo que o autor sente a respeito do mundo ou o que entende por sua responsabilidade muitas vezes não se mostra explícito na informação: será tarefa do leitor encontrar os detalhes escondidos atrás do discurso. As crianças podem aprender a diferenciar entre o que o autor de fato considera interessante e o que lhes diz que é interessante, de forma que o reconhecimento dessa dicotomia seja usado para ampliar sua visão e integrar seus próprios interesses aos interesses alheios.

Desenvolver um pensamento crítico no mundo atual significa poder analisar e argumentar. Ao contrário da ficção, a informação permite uma ampla discussão de temas. É difícil não sentir a tristeza e o sofrimento de um menino que tenha vivido a experiência de uma bomba atômica, por exemplo, mas, para que seja possível argumentar, é preciso ter dados e fatos que possam ser relacionados com a política, a história e o comportamento humano. Assim como o fazem os adultos. E as crianças desejam, a cada dia, crescer e parecer-se conosco.

Acesso livre

O acesso a uma variedade de livros e temas permite às crianças buscar informações à medida que as necessitem e nas mais diferentes situações. A visita a uma exposição, por exemplo, pode estimulá-las a ler mais sobre ela, o mesmo pode se dizer sobre filmes e fatos que estejam acontecendo no mundo.

Bons leitores se fazem perguntas enquanto leem. Bons leitores fazem predições e controlam sua leitura: quando precisam, releem um parágrafo; se desejam, interrompem a leitura para consultar outro livro ou o significado de uma palavra desconhecida. Os bons leitores fazem pausas para pensar sobre o que estão lendo ou retomam trechos que lhes provocaram dúvidas. Eles são capazes de relacionar sua leitura com outros textos que já tenham lido ou com sua própria experiência.

Os leitores vão ganhando gradativamente independência em seus critérios e aprendendo a encontrar textos que correspondam às suas necessidades: para obter uma determinada informação, para seguir instruções, para colocar uma experiência em prática, para conseguir uma informação de caráter geral, para aprender ou, simplesmente, pelo prazer de conhecer algo novo.

Os meios de comunicação atuais podem também instigar curiosidades. O filme *Jurassic Park*[4], por exemplo, provocou um enorme interesse em torno de um determinado tema. Essas motivações, e até mesmo as mais usuais, como cuidar de um animal de estimação ou planejar uma excursão, proporcionam às crianças avançar em direção a uma cultura particular que vai sendo construída por eles mesmos, sem imposições ou obrigações. O acesso a esse tipo de informação — voluntária e desejada — é uma fonte de grande prazer para os leitores que nunca deve ser subestimada.

Socializam

Quantas vezes, depois de ler um livro informativo, não ficamos com vontade de conversar sobre o assunto lido? Seja por nos ter provocado emoção ou surpresa, ou porque necessitamos expressar nossos sentimentos ou dúvidas. As crianças compartilham a informação de modo muito espontâneo:

---

4 *Jurassic Park: O parque dos dinossauros*, filme estadunidense de ficção científica e aventura dirigido por Steven Spielberg e baseado no livro homônimo escrito por Michael Crichton. Foi lançado no Brasil em 13 de junho de 1993.

contam tudo o que sabem sobre marcas de automóveis ou o que presumem conhecer sobre determinado país. Essa troca é fundamental para que elas entrem em contato com diferentes pontos de vista, para discutir ou discordar, para consultar outras fontes de informação ou apenas para saber ainda mais.

Os livros informativos oferecem recursos para que se possa falar de todos os assuntos. Podemos estimular as crianças a ter opiniões desde muito cedo. Uma simples pergunta, como "Você achou interessante o que o autor contou?", pode ser o convite para uma boa exploração, com base na própria opinião a respeito do texto lido.

Os adultos têm uma importante função nessa aproximação. Não só porque poderão oferecer livros oportunos para serem discutidos, como também farão perguntas, após a leitura, convidando as crianças a refletirem sobre o que foi lido. Com a reflexão virá também a opinião e a argumentação. Socializar é, portanto, ampliar leituras. Ao encontrarmos uma criança lendo sobre determinado tema, basta o comentário "Descobri que você gosta muito de ler sobre a vida dos animais, que livro você poderia me recomendar?" para iniciar um diálogo que nos remeterá a diferentes livros.

Permitem a autoaprendizagem

Ainda que para muitas escolas os livros informativos sejam uma excelente ferramenta que complementa a aprendizagem, e muitos professores se aproveitem dessas vantagens, o fato de sua produção ser dissociada dos livros didáticos lhes outorga características particulares para uma aprendizagem independente.

Algumas das vantagens dos livros informativos:

> Não precisam de mediadores diretos, como na escola, com os professores.
> Não estão fragmentados por disciplinas.
> Contam com uma apresentação agradável e atraente.
> Permitem variados locais de aprendizagem: na biblioteca, em casa, na escola.
> Oferecem livre acesso, sem que estejam associados a aulas ou horários.
> Levam em conta a idade do leitor, seja na linguagem ou na abordagem do conteúdo.
> Não consideram o progresso do leitor por meio de notas.
> Permitem uma leitura sequencial ou aleatória.
> Contam com uma equipe de editores atentos à atualidade e às mais recentes descobertas científicas.
> Relacionam fatos da atualidade com a vida real: aproximam o saber científico com a tomada de decisões sociais e políticas, ajudando o leitor a entender a necessidade de sua participação na sociedade.

POTENCIALIZAM A CURIOSIDADE

A curiosidade é um dos motores que impulsionam as crianças. O Prêmio Nobel de Medicina John Sulston declarou: "quando eu era criança, adorava os jogos de construção, as maquetes, a montagem de circuitos de eletricidade... e o mundo natural; uma vez dissequei um pássaro morto e fiquei fascinado ao ver seus órgãos internos, como uma máquina" (Sulston, 2003). Para muitas crianças o mundo real está dissociado do ensino regular. Os avanços tecnológicos nos abastecem de uma "cultura inútil" fascinante; a televisão, por exemplo, nos apresenta a diferentes mundos: o fundo do mar, a mais alta montanha vista de cima por um alpinista, os animais em risco de extinção.

O neurocirurgião e grande pesquisador, Oliver Sacks, relembra, em suas memórias, como a curiosidade foi um motor importante em sua infância. Qualquer objeto lhe instigava infinitas perguntas: a origem das cores, o açúcar que caía no chá, a água que borbulhava ao ferver. "Minhas perguntas — conta-nos Sacks — eram infinitas e abrangiam todas as coisas, ainda que houvesse certa tendência a girar em torno de minha obsessão: os metais. Por que brilhavam? Por que eram lisos? Por que frios? Por que duros?" (Sacks, 2001). Sua mãe, também cirurgiã, apaixonada por Química, sempre lhe respondia com paciência e Sacks reconhece que foi graças a essas respostas que ele conseguiu manter acesa sua grande curiosidade. Gostaríamos que os livros informativos para crianças fossem como a mãe de Sacks: pacientes, recheados de explicações e capazes de estimular mais perguntas.

2. Algumas perguntas para começar

Ao longo das inúmeras oficinas que realizei com professores, bibliotecários, pais e mediadores de leitura pude constatar, já no primeiro dia de trabalho, que indicar a leitura de livros informativos provoca muitos questionamentos e inquietações. Diante da quantidade de textos ficcionais publicados, e da divulgação que costumam receber, os livros informativos exigem mais empenho para serem selecionados, conhecidos e indicados.

Nos próximos capítulos, teremos oportunidade de conhecer melhor este gênero a fim de utilizá-lo com mais familiaridade. Gostaria de relacionar algumas dessas perguntas na esperança de que as respostas estimulem os leitores a prosseguirem com a leitura.

Por que ler livros informativos? A escola já não trabalha com livros desse tipo?

As escolas pretendem oferecer uma programação adaptada à capacidade e ao nível de aprendizagem das crianças. Na realidade, porém, observa-se que o ensino está compartimentado em disciplinas que nem sempre se relacionam entre si. O currículo escolar costuma ser previamente estabelecido, mas não consegue dar conta de atender a necessidades bem simples das crianças, como se preparar para uma viagem a outra cidade, estado ou país, ou informar-se mais sobre determinado assunto após uma visita a um museu.

Os momentos de lazer das crianças têm sido uma fonte de inspiração para os autores de livros informativos. Eles se preocupam em dar a essas publicações uma aparência distinta da dos livros didáticos. Os informativos são mais atraentes, convidam à contemplação das imagens e à leitura de curiosidades, além de considerar o ritmo de cada leitor.

Os meios de comunicação e determinados acontecimentos costumam ser ótimas fontes de inspiração. Os Jogos Olímpicos que aconteceram na China em 2008, por exemplo, poderiam ser um ponto de partida para que os alunos conhecessem um pouco mais sobre essa cultura milenar. E que melhor portador que os livros informativos sobre esse tema para levar o leitor a conhecer também as contradições políticas e sociais que caracterizam a sociedade chinesa nos dias atuais?

Os livros informativos promovem uma aprendizagem livre, quase sempre espontânea e guiada pela curiosidade pessoal. O que se aprende na escola é importante, mas, se uma criança assistir a um filme sobre viagens espaciais, não precisará esperar pela programação escolar: bastará consultar alguns livros de astronomia, conquistas espaciais ou astronautas famosos para satisfazer a sua curiosidade.

Os livros informativos são os livros de Ciência?

Esta é uma pergunta que frequentemente ouço em minhas oficinas sempre que iniciamos o trabalho, ou seja, trata-se de uma pergunta que revela uma ideia preconcebida. Sempre que começo uma leitura em voz alta de um livro informativo cuidadosamente escolhido, a dúvida logo se apresenta: mas esse é um livro informativo? Trata-se de um dos momentos mais interessantes da oficina: explorar as ideias dos participantes sobre o que imaginam que seja um livro com essas características. Geralmente, esse tipo de livro está associado a disciplinas consideradas difíceis, como a Física, a Química e a Matemática, e, em menor número, às Ciências Naturais ou Sociais.

O que chamamos de livros informativos é o que se considera como "não ficção" no contexto anglo-saxão, em que tudo o que não é ficção é atribuído a esse conjunto de livros. E, nele, muitos livros são classificados como livro-álbum, livro ilustrado ou livro para bebês sem que se dê conta de que cumprem a função de transmitir conhecimento. Biografias, vida cotidiana, alimentação, artesanato, jardinagem e até mesmo HQ. Há também temas menos explorados: Política e Filosofia não são matérias muito apreciadas pelos editores; a primeira pela dificuldade de se assumir uma posição, a segunda por expressar ideias consideradas muito abstratas.

Por que utilizar livros se atualmente tudo pode ser encontrado na internet?

As novas tecnologias nos dão a impressão de termos uma quantidade infinita de informações na palma da mão. Sua administração, porém, é complexa para as crianças, não apenas porque necessitam ter a tecnologia (computador, conexão com a internet etc.), mas porque uma pesquisa na internet se refere a algo muito concreto e será necessário escolher entre uma grande variedade de resultados, nem todos confiáveis.

Os sites de busca (google, yahoo, msn etc.) apresentam seus próprios critérios para ordenar os resultados, nem sempre baseados em escolhas de qualidade. Uma criança que escreva "Picasso" ao iniciar sua pesquisa em um site de busca, encontrará *links* para muitas páginas comerciais (hotéis, carros etc.) e outras informações que possivelmente não compreenderá, como as da Wikipédia. Como afirma o pedagogo Daniel Cassany[5] (2011), as crianças parecem "experts" em aspectos superficiais, como instalar programas, usar o computador, acessar determinados recursos, mas "apresentam muita dificuldade para construir significados coerentes a partir de uma informação".

Os livros informativos para crianças foram criados por especialistas e editores que dedicaram um bom tempo até encontrar a melhor maneira de transmitir determinado conhecimento de forma compreensível para os leitores. Esses pesquisadores, pedagogos e ilustradores trabalham em equipe para que as crianças tenham uma experiência de prazer durante a leitura. Oferecem a informação organizada, diagramada e pensada especialmente para elas. Os bons livros, além disso, ajudam o leitor a explorar seus conhecimentos prévios e cuidam para que a informação se mostre atraente. Em muitos casos, despertam tantas perguntas que as crianças logo acabam por procurar outros livros sobre o assunto. Uma amiga editora costuma dizer: a internet não tem a pergunta, mas os livros informativos, sim. E perguntar é essencial para a construção do conhecimento.

---

5 Daniel Cassany, nascido em 1961, é escritor, pedagogo, professor universitário e pesquisador espanhol.

COMO SABER QUAL LIVRO VAI INTERESSAR ÀS CRIANÇAS?

Podemos escutar suas inquietações e devemos ficar atentos às suas curiosidades momentâneas. Qualquer notícia ou acontecimento pode ser uma boa oportunidade para colocar um livro nas mãos das crianças. Elas também seguem modismos ou se dedicam a alguma atividade, um esporte, por exemplo. Por isso, é preciso cuidar para que a visita a uma biblioteca ou livraria seja um bom pretexto para conhecer livros.

Algumas vezes, os leitores se deparam com temas sobre os quais nem estavam interessados, porém, diante da surpresa ou do espanto de ver pela televisão o terremoto que devastou a costa do Japão em 2011, por exemplo, acabam fisgados pela curiosidade. Trata-se de uma boa oportunidade para conversar com as crianças sobre o que aconteceu, aproveitando a ocasião para conhecer um pouco mais sobre aquele país, seus costumes, os riscos da energia nuclear, entre outras coisas.

SE EU NÃO TENHO CONHECIMENTO SOBRE UM TEMA, COMO POSSO AVALIAR SE O LIVRO TEM QUALIDADE?

Esta costuma ser uma das perguntas mais frequentes nas oficinas e seminários que ministro. Sempre há alguém que se sente mais ou menos seguro em relação a temas, como arte, animais, ecologia ou até mesmo sobre história. Mas, quem de fato sabe tudo sobre astronomia ou sobre determinados animais, como as formigas? Podemos transformar nosso desconhecimento em uma boa experiência. Basta observar alguns minutos o livro e ler algumas de suas partes.

Se ele nos envolver, se o tom em que foi escrito nos parecer adequado, se for atraente e até divertido já são ótimos sinais para selecioná-lo! Se for interessante para você, também será para a criança.

Ler uma página, analisar os níveis de leitura que oferece, dar uma olhada no sumário para verificar se há temas que convidem a uma leitura mais detalhada são atitudes que permitirão que se conheça o "clima" do livro. Quando há mais tempo, outra possibilidade é comparar vários livros sobre o mesmo assunto. É infalível: quase sempre conseguimos identificar qual é mais informativo, qual se faz entender melhor e qual apresenta a informação de forma mais original e envolvente.

SEMPRE INSISTO PARA QUE LEIAM OS LIVROS ATÉ O FINAL. DEVO FAZER O MESMO TAMBÉM COM OS LIVROS INFORMATIVOS?

Nos últimos anos, os livros informativos para crianças transformaram o modo de como são lidos. O projeto gráfico desses livros se desenvolveu de tal forma que oferecem múltiplas leituras. Muitos deles se organizam como uma espécie de "zapear" televisivo, permitindo ao leitor explorar o livro por qualquer parte que deseje e ler as duplas de páginas como uma cápsula concentrada de informações. São livros fascinantes e ao mesmo tempo complexos, já que o projeto gráfico e as imagens destacam-se mais que o próprio texto, o que acaba por dificultar sua leitura sequencial do princípio ao fim. Já nos livros organizados de maneira mais clássica — com capítulos distribuídos em várias páginas — caberá ao leitor a decisão de escolher a ordem que mais lhe interessa.

Em alguns tipos de livros, o texto é organizado de forma narrativa ou cronológica, como nas biografias ou nos contos para leitores mais novos. Nesses casos, as crianças desfrutarão da familiaridade de ler uma história do começo ao fim, e gostarão de lê-la integralmente, na ordem proposta pelo autor.

PODEMOS LER UM LIVRO INFORMATIVO ANTES DE DORMIR OU NA HORA DO CONTO?

Quase todos os livros que seguem uma ordem narrativa podem ser utilizados com sucesso na leitura em voz alta, seja na hora de dormir ou em uma roda de leitura junto a várias crianças. É surpreendente como elas se mostram fascinadas com livros que falam sobre a realidade. Existem muitos livros bem escritos que não só alimentam a fantasia e o desejo de saber cada vez mais, como também provocam interessantes discussões sobre a veracidade desta ou daquela informação, ou sobre as ideias prévias que se tinha a respeito de determinado assunto. No capítulo dedicado às ações com os livros informativos, recomendamos especificamente essa atividade.

AS CRIANÇAS PODEM ESCOLHER SOZINHAS OS LIVROS INFORMATIVOS?

Uma das mais fascinantes aprendizagens como leitor é a experiência da escolha. É o que fazemos quando escolhemos um livro antes de viajarmos de férias, ou quando procuramos alguma informação específica. É aconselhável que as crianças se acostumem a observar e a experimentar se suas expectativas diante de um livro serão ou não correspondidas.

Frequentemente procuramos oferecer à criança o que há de melhor e, para isso, nos empenhamos em cuidar dessa seleção. Os pequenos leitores também devem ter a oportunidade de errar ou acertar, de folhear e provar novas experiências leitoras. Nas bibliotecas, por exemplo, é recomendável que as próprias crianças explorem as estantes e retirem seus livros, não importando o critério que venham a utilizar. Talvez desejem experimentar algo novo e totalmente diferente do que costumam ler. Dessa forma, tenham ou não gostado, terão vivido uma experiência significativa, o que as ajudará a melhorar e a aprimorar seus critérios de seleção.

Para nós, adultos mediadores, observar o que as crianças leem baseadas no próprio interesse é uma oportunidade valiosa para conhecer suas inquietações.

MINHA FILHA ADORA LER LITERATURA, MAS NÃO SE INTERESSA MUITO PELOS LIVROS INFORMATIVOS. COMO POSSO AJUDÁ-LA A AMPLIAR SUAS LEITURAS?

Certamente alguns leitores acostumados à ficção poderão sentir algum desânimo diante da linguagem às vezes "fria" dos livros informativos e do esforço muitas vezes necessário para decifrar seus projetos gráficos tão impactantes. Por outro lado, há muitos livros informativos que se valem da sequência cronológica para se aproximar dos leitores, o que faz com que estes se sintam mais confortáveis com a estrutura já conhecida. Livros de história, biografias, diários, livros de viagem, livros baseados em fatos reais, crônicas, autobiografias e muitos livros de Arte que contam sobre o passeio de uma menina ou menino a um museu ou a uma cidade. Há livros informativos que recorrem à estratégia do humor, às narrativas curtas sobre temas sérios ou às situações do cotidiano. Todos eles podem interessar a qualquer tipo de leitor.

É importante aproveitar todas as oportunidades para incentivar a curiosidade sobre novos tipos de leituras: se alguma viagem está prevista, pode-se lançar mão de um guia; se haverá uma festa, pode-se explorar algum livro sobre brincadeiras. Talvez as crianças ainda não tenham conhecimento de que os livros possam ajudá-las na própria experiência do crescimento: livros sobre o corpo humano, sobre educação sexual e sobre mulheres empreendedoras provavelmente serão bons estímulos para ampliar suas leituras.

ÀS VEZES, NÃO SEI IDENTIFICAR MUITO BEM A FAIXA ETÁRIA PARA A QUAL O LIVRO É INDICADO

Ao contrário da ficção, em que a idade do leitor está associada aos ciclos escolares, um livro informativo pode se dirigir a leitores de diferentes faixas etárias, já que o conhecimento prévio sobre um tema não costuma ser quantificado por meio da idade. Geralmente, e neste livro adotaremos esse critério, consideraremos que hajam pré-leitores, leitores em formação e leitores que leem (quase) tudo. Esta última categoria pode começar aos 9 e terminar aos 99 anos.

Cada leitor regula a leitura de acordo com sua competência linguística, sua motivação ou sua necessidade. Uma menina de 8 anos pode conhecer os hábitos de determinados animais, porque esse assunto lhe interessa muito. O mesmo acontece, por exemplo, com determinados meninos que memorizam marcas ou detalhes de carros. Nestes casos, os livros frequentemente oferecem vários níveis de leitura que se diferenciam pela tipografia. Em algumas ocasiões pode-se encontrar até quatro níveis de leitor: os que se contentam em ler os títulos e as imagens, os que leem o parágrafo de introdução, os que se prendem aos detalhes e os que leem tudo, relacionando texto e imagens.

Os livros voltados aos níveis pré-leitores e aos que estão começando a ler são os mais fáceis de serem reconhecidos, os demais podem ser colocados em um grande bloco — com exceção dos livros que estão direcionados a leitores de nível mais proficiente.

Os bebês também podem ler livros informativos?

Sim! E quase é possível afirmar que a maioria dos livros que se dirigem aos pequenos leitores trata de temas que se relacionam com seu cotidiano: a família, sair para passear, andar de carro. Livros para enumerar, livros dos "meus primeiros" números e abecedários. Há também aqueles livros primorosos que são lidos repetidas vezes, e que, a cada leitura, voltam a surpreender seus leitores apesar de já conhecerem o que virá na próxima página! A vida cotidiana é o mais importante para os pequenos leitores e por isso acabam criando um vínculo emocional inigualável com os livros. Os ilustradores Janet e Allan Ahlberg fizeram o livro *The Baby's Catalogue*[6] depois que perceberam que seu bebê olhava e apontava entusiasmado para os produtos do catálogo da loja *Mothercare*.

---

6 O Catálogo do Bebê.

3. Dez ideias sobre o que é um livro informativo

Desde o final dos anos 1980, os livros de informação para crianças apresentaram um crescimento espetacular, tanto no design gráfico como nos conteúdos e temas. Em alguns casos, foram impulsionados por novos parâmetros pedagógicos que recomendavam o uso de outros materiais além dos livros didáticos, como ocorreu na Espanha no final dos anos 1980. Também no México, o Plano Nacional de Leitura, impulsionado pela Secretaria de Educação Pública (SEP), adquiriu livros informativos para as escolas, o que estimulou o mercado editorial para esse tipo de livro. Em outros países, algumas editoras enxergaram nos livros informativos um grande potencial de mercado. Foi o caso da editora britânica Dorling Kindersley e da francesa Gallimard, que revolucionaram um mercado tão vinculado ao aprendizado escolar com novas ideias e novas formas de coeditar.

1 Sua principal intenção é informar sobre um tema

Informar é colocar determinados conhecimentos ao alcance do público não especialista. Isto é, tornar compreensível e interessante para determinado leitor temas e questões relacionados à ciência e ao conhecimento em geral. Constitui uma tarefa complexa, uma vez que não se trata simplesmente da transmissão de conceitos científicos, mas de um trabalho de seleção e apresentação adequado a um público leitor. É, também, uma forma de mostrar como a ciência funciona. A quantidade de temas abordados nos livros informativos para crianças nos mostra como é possível aproximá-las de muitas questões ligadas à vida real, sugerindo um mundo muito mais amplo do que o universo que as rodeia.

Os textos de divulgação científica nem sempre tiveram boa reputação dentro da própria comunidade. Exemplos disso podem ser encontrados em Carl Sagan e Isaac Asimov[7], este último teve, inclusive, de abandonar a atividade universitária e a pesquisa de 28 anos pelo descaso dos próprios colegas de trabalho (Barceló, 1998). Os livros informativos para crianças também sofreram com essa falta de experiência.

A ex-editora e criadora da revista brasileira para crianças *Ciência Hoje das Crianças*[8], Luisa Massarani, explica que, ao ser fundada, a revista tinha a intenção de que 80% dos artigos fossem escritos por pesquisadores acadêmicos ou de instituições da área, para que se garantisse a qualidade e favorecesse a conscientização, entre o próprio meio universitário, da necessidade da divulgação. "Na realidade — explica a editora — a maioria dos textos que nos enviavam eram difíceis, inacessíveis até mesmo para leitores adultos especializados, por isso foi necessário que a equipe da revista os submetesse a um processo de 'tradução' para a linguagem infantil" (Massarani, 1999). Apesar de dificuldades como essas,

---

7 Isaac Asimov foi escritor e bioquímico estadunidense, nascido na Rússia em 1920, autor de obras de ficção científica e divulgação científica.

8 *Ciência Hoje das Crianças*, publicada desde 1986 pelo Instituto Ciência Hoje, é a primeira revista brasileira sobre ciência para crianças. Saiba mais em: http://chc.cienciahoje.uol.com.br.

há excelentes livros capazes de proporcionar às crianças o contato com textos que expõem e argumentam, ou seja, uma literatura que lhes oferece um pensamento novo por meio de um texto expressivo.

2 São livros criados por uma grande equipe

O desenvolvimento tecnológico na área editorial e as facilidades de impressão com custos mais acessíveis permitiram que muitas editoras planejassem outras formas de organizar o trabalho. Contando com o apoio de uma equipe de arte e de diagramação, associado à possibilidade de coeditar[9] em vários países, muitas obras foram produzidas desde o final dos anos 1990 e contaram com a participação de vários autores. Pesquisadores, jornalistas, cientistas, fotógrafos, ilustradores, diagramadores, produtores gráficos e editores com ideias modernas presentearam o mercado editorial com publicações atraentes para o leitor iniciante, mas também desafiantes em sua leitura e compreensão.

É importante lembrar que essa forma de trabalhar e de produzir livros originou-se da multiplicidade de assuntos que podem ser publicados simultaneamente em muitos países — animais, tecnologia, espaço, por exemplo — em detrimento de outros mais complexos na abordagem e na produção artística, como aqueles ligados à filosofia, ciências sociais, direitos humanos etc.

---

9 Coedição é uma prática do mercado editorial que se refere à publicação concomitante da mesma obra em diferentes países, com os ajustes que se fazem necessários, como a tradução, a inclusão de referências locais etc.

3 TAMBÉM SÃO LIVROS AUTORAIS

Há livros concebidos e criados unicamente por um autor. Quase sempre apresentam os temas sem tantas ilustrações, utilizando recursos narrativos que favorecem a leitura e a compreensão. Os livros de David Macaulay[10] exploram de maneira criativa e original as grandes construções criadas pelas mãos do homem. Utilizando recursos gráficos pouco ambiciosos, como o emprego das cores preta e branca, seus livros propõem a ideia do que aconteceria, por exemplo, se um importante arranha-céu, como o Empire State, fosse descontruído[11], convidando os leitores a uma viagem fascinante à tecnologia e à história. A autora Babette Cole[12], por sua vez, se vale da narração e do humor para abordar temas, como "de onde vêm os bebês" ou "o que vem a ser uma alteração hormonal". Já a obra de Aliki[13], apesar de não ser cientista, representa um grande projeto de divulgação científica que lhe permitiu viver um processo de investigação e estudo como uma criança que se relaciona com os temas sobre os quais irá escrever. Para isso, valeu-se das perguntas e questionamentos que fez para si mesma durante a pesquisa.

10 David Macaulay, nascido em 1946, é um ilustrador e escritor americano de origem britânica que combina texto e ilustrações para explicar a arquitetura, o design e a engenharia.
11 No Brasil: *(Des)Construção de um Arranha-céu*, Editora Martins Fontes, 1995.
12 Babette Cole, nascida em 1949, é uma autora e ilustradora inglesa com vários livros traduzidos no Brasil: *Mamãe botou um ovo!*, *Cabelinhos nuns lugares engraçados*, *Cupido*, *Meu avô é um problema*, entre outros.
13 Aliki Liacouras Brandenberg, autora americana de descendência grega, nascida em 1929. Publicou inúmeros livros informativos sem ter, porém, formação acadêmica na área científica.

Peter Sís[14] é outro autor importante que escreveu as biografias de Galileu Galilei e de Darwin recorrendo a um conceito original e extremamente rigoroso que nos remete à reflexão sobre dois cientistas cujas pesquisas, mesmo nos dias atuais, ainda são bastante controversas.

4 Foram feitos a um determinado público leitor?

Pensados e concebidos para divulgar informação, os livros informativos preocupam-se em atender ao interesse de um leitor específico, não familiarizado com os temas científicos. E é por esse motivo que se utiliza toda uma tipografia especial para facilitar os níveis de leitura: o título, o parágrafo que introduz o tema, os parágrafos com corpo de letra menor, os textos que acompanham as imagens. Considera-se, como ponto de partida, que a competência de um leitor de texto científico não depende tanto de seu nível linguístico, mas de seu interesse e de seus conhecimentos prévios.

A relação de confiança que o leitor irá estabelecer com o livro ao abri-lo será proporcional ao seu interesse: se de fato tiver desejo de saber mais sobre determinado assunto, o livro estará lá, ao seu alcance. Ele pode começar pelas imagens: observá-la ou lê-las. Poderá também saltar as páginas, procurando aquilo que mais lhe chamar a atenção ou, simplesmente, explorá-lo. Poderá verificar como está organizado, utilizar o índice, ler parágrafos soltos ou mergulhar em cheio em apenas uma página. Até onde chegará vai depender de si

---

14 Peter Sís, autor e ilustrador tcheco nascido em 1949; no Brasil foram traduzidos: *O mensageiro das estrelas*, *O muro*, *A árvore da vida*, entre outros.

mesmo, e, é claro, de um projeto gráfico facilitador e de uma diagramação que torne atraente as informações oferecidas.

5 São confiáveis, científicos, rigorosos

Um bom livro informativo geralmente é preciso, claro, rigoroso e acessível. Também é honesto com o leitor, explicando de onde a informação foi retirada, compartilhando as dúvidas que o autor por ventura tenha tido a respeito do tema, convidando o leitor a confrontar as ideias com seus próprios pontos de vista. Em um livro que fala sobre tecnologia, não é lícito mencionar quando ela é usada para fins destrutivos? Ou, se fala de política, por que não chamar atenção sobre os regimes que violam os direitos humanos?

O saber não é algo enlatado que se abre apenas na hora de consumi-lo: é um processo vivo e em movimento. E é dessa forma que os livros devem apresentá-lo. Com histórias curiosas que ajudem a deixar os temas menos abstratos, com explicações de como os erros cometidos durante as pesquisas são importantes nos processos de experimentação e dedução. Quanto menor for a impressão do leitor de que alguém deseja manipular seu conhecimento, melhor será o livro (Hornung[15], 1993).

Os bons livros informativos mostram como o pensamento científico funciona, isto é, ensinam a ver, a observar, a classificar e a deduzir. A maneira com a qual esses elementos serão combinados resultará em um livro fascinante para os leitores.

---

15 Helmut Hornung, jornalista e escritor alemão nascido em 1959, especializado em Astronomia.

6 Transmitem o gosto pela leitura

Os livros que mais atraem os leitores não cumprem apenas a missão de informar e de formar, eles também consideram que seus destinatários têm ideias próprias e que não se limitarão a repetir o que leram. Durante o processo de leitura há uma interação entre o que recebemos, o que observamos ao nosso entorno e o que já adquirimos por meio de nossa própria experiência e capacidade para organizar todos esses elementos, procurando atribuir um novo sentido ao que é novo (Delval[16], 2001). Os criadores de livros informativos mostram-se conscientes desse processo quando, por exemplo, fazem perguntas ao leitor e o convida a fazer experiências de modo que se sinta implicado naquilo que desejam explicar.

Apelar ao leitor faz com que ele se sinta participando do processo de leitura e convidado a ler como se alguém estivesse se dirigindo exclusivamente a ele.

Há também uma função dos livros informativos difícil de quantificar e de avaliar. É o que Soumy (1985) denomina como "função lúdica", isto é, uma maneira de se aproximar do livro que não foi provocada por uma busca específica e que acontece quando o leitor se diverte com as imagens, com a descoberta de um tema inesperado ou com o que imagina, por exemplo, ao contemplar um atlas. Dizemos que se trata de uma função difícil de avaliar porque se costuma analisar os livros informativos com planilhas técnicas e, em muitas vezes, algum livro bom acaba sendo descartado de uma seleção apenas por não conter índice,

---

[16] Juan Deval, nascido em 1941, é um filósofo espanhol que desenvolve pesquisas nas áreas da Psicologia Evolutiva e da Educação.

ao passo que — como indica Soumy — "uma imagem totalmente incorreta do ponto de vista informativo pode vir a ser um excelente ponto de partida para a imaginação, oferecendo, inclusive, elemento indispensável para a ampliação de conhecimentos".

Geneviève Patte[17] afirma que: "Um das críticas mais graves que se pode fazer a um livro informativo é a de que ele seja chato. Se sua leitura não for uma experiência apaixonante, até mesmo divertida, sem dúvida nenhuma, trata-se de uma leitura inútil. Ao descobrir um tema, o leitor deveria experimentar uma espécie de regozijo" (Patte, 1978). Um bom livro a respeito das árvores deve fazer com que um passeio no campo seja 10 vezes mais emocionante que antes de se ter lido o livro. E isso, na verdade, será um estímulo para continuar lendo mais sobre o tema.

7 Utilizam muitos recursos

O livro informativo geralmente é composto por um texto e por uma série de imagens. A combinação entre eles resulta em um complexo material de leitura, um verdadeiro artefato. O texto é apresentado por meio de diferentes tipografias, por uma cuidadosa disposição gráfica que alterna títulos e subtítulos, pela hierarquia entre as informações mais importantes de outras mais curiosas.

Outros elementos, como índices temáticos ou analíticos, bibliografia, glossários e apêndices, também podem fazer parte da composição. As imagens, por sua vez, podem ou não

---

17 Geneviève Patte, nascida em 1936, é pesquisadora, escritora e bibliotecária francesa que desenvolveu projetos pioneiros de acesso à biblioteca por crianças e jovens.

acompanhar o texto e, algumas vezes, apresentar uma leitura independente dele. Jogando com a cor e com o espaço, as imagens se combinam com outros recursos, como desenhos, gráficos, fotografias, esquemas, tabelas, mapas etc. Quando abrimos um livro nem sempre nos damos conta da variedade de elementos que o compõem, justamente porque foram projetados para que não tenhamos dúvidas durante a leitura.

Ao olharmos a página de créditos já podemos ter uma ideia da quantidade de pessoas que trabalharam em um único livro: fotógrafos especializados, ilustradores, diretores de arte, revisores, assessores pedagógicos e especialistas. Ao contrário das crianças, para aprimorarmos nosso trabalho de mediação, é bastante útil saber identificar todos esses elementos e entender sua função, isso nos permitirá conhecer muito mais sobre os livros oferecidos.

8 Não há assunto sobre o qual não possam falar

Um livro sobre a África, sobre a história do alfabeto, sobre os dinossauros, sobre o folclore de um país distante, sobre os diferentes tipos de orelhas dos animais, sobre a alimentação dos astronautas em uma nave espacial, sobre como se vivia nos castelos, sobre como funciona um grampeador, sobre como era um barco pirata, sobre a vida de um artista ou sobre a respiração das plantas, sobre a história do tomate ou sobre o umbigo... realmente não existe um único tema que não possa ser explorado em um livro informativo para crianças. Basta conferir a quantidade de livros produzidos para constatarmos essa farta variedade.

Se por um lado estão os assuntos de maior interesse das crianças, como os animais, os bichos de estimação, a tecnologia, os carros, a arte..., por outro há uma imensa oferta de livros cuja finalidade é a de despertar a curiosidade por novos assuntos. Muitas vezes, observando tal variedade de livros, os adultos se perguntam: "Por que não fazem livros como esses para nós também?".

9 Mostram o processo científico

Os livros informativos para crianças não podem se limitar apenas a dar explicações sobre determinado tema. Precisam também transmitir informações sobre como a ciência e os cientistas trabalham os métodos e os procedimentos que são utilizados nas pesquisas e a maneira como se comprova o conhecimento científico, com toda sua vitalidade e mutabilidade. Os livros informativos não apresentam o mundo tal como ele é, mas sim como a ciência o concebe.

Se o autor de um livro sobre cobras agradece ao diretor do serpentário do zoológico na página de créditos, estará se rementendo ao profissional que o ajudou em sua pesquisa e o local ao qual se dirigiu para realizá-la.

Há ciências que apenas permitem a observação e não a experimentação, como o choque das galáxias ou a divisão das células. A paciência também é um pré-requisito na pesquisa (Wagensberg[18], 2004). O Himalaia, cadeia de montanhas formada a partir da colisão da Índia com a Ásia, ainda se encontra em processo de formação, e serão necessárias várias gerações de pesquisadores para que se chegue às conclusões

---

18 Jorge Wagensberg, nascido em 1948, é físico, professor, pesquisador e escritor espanhol.

finais. Já em outros casos, como na Arte, a intuição tem um papel fundamental. Há ciências bastante complexas, como a Biologia, em que a ideologia é um fator determinante, o que pode ser constatado pela tensão entre a Igreja e as teorias evolucionistas, por exemplo.

A ciência é produzida pela mente humana. Não se trata de conceitos abstratos que já vieram embalados de algum lugar. Para chegar a uma conclusão foram necessárias muitas horas de trabalho, de observação, de experimentação, de dúvidas e frustrações, de provas, de acertos e erros. Até mesmo as causalidades foram fruto de muitas horas de trabalho. E os livros para crianças podem demonstrar tudo isso. Quando um livro conta, por exemplo, a história de um especialista em tarântulas, explicando que seu interesse pela ciência aconteceu no momento em que ele precisou fazer uma pesquisa escolar que comparava as tarântulas do deserto com as das selvas — apesar de ele ter odiado a escola até esse momento —, já estaremos mostrando como se dá uma parte do processo científico.

10 Convidam a ler e a saber mais

O conhecimento é algo vivo e em movimento. O que pode ser constatado quando concluímos alguma pesquisa: sabemos muito mais do que sabíamos antes, mas também ganhamos outras perguntas e dúvidas que nos instigam a prosseguir na busca de outras informações, a continuar pesquisando. O mesmo acontece nos livros para crianças. Em um livro informativo, a história não acaba quando o livro termina.

A ciência se apresenta como um processo com muitas questões sem soluções e com cientistas que se assemelham a detetives em busca de respostas a suas perguntas. Encontrar respostas significa que novas perguntas irão surgir, e assim sucessivamente. O leitor que tem em mãos um livro com essas características ficará contente, não apenas por encontrar respostas, mas por ter sido convidado a participar de um processo em que se sentirá também como um detetive. Soumy (1985) fala que "o melhor livro de informação deve incitar a busca por outro livro, por outra fonte de pesquisa, deixando o leitor construir o conhecimento à sua maneira".

Daí a importância de recursos textuais, como as perguntas, as indagações e a seleção das ideias prévias dos leitores. É o que se costuma chamar de "texto aberto". Segundo a definição de Natalia Becerra (1993), um texto aberto colabora com o leitor, coloca em dúvida suas crenças espontâneas, como o animismo, o realismo mágico e as explicações causais, compartilha seus conhecimentos e oferece pistas por meio de ilustrações e gráficos, favorecendo o mergulho no texto. As bibliografias e os apêndices com endereços de museus e instituições também são um bom recurso para ajudar os leitores a continuarem sua autoaprendizagem.

PARTE 2

Explorando os livros informativos

Os livros informativos são livros para ver ou também para ler? Como se lê um livro informativo? Que dificuldades apresenta para o leitor um livro com um projeto gráfico sofisticado? Os textos ajudam na compreensão? As imagens devem ser lidas separadamente do texto? Como é a relação texto/imagem durante a leitura? Como posso saber se um livro corresponde ao que os leitores esperam dele?

Qualquer pessoa que observe um livro informativo com olhos de mediador vai se fazer estas e muitas outras perguntas. Trata-se de um desafio fascinante e de um mundo novo a descobrir. Felicitações por você ter chegado até aqui. Apresentaremos, agora, vários recursos que ajudarão a responder a estas e outras perguntas. Esta parte é como uma bússola que orientará nossas leituras.

Gostaria de recapitular algumas características dos livros informativos abordadas até o momento:
Apresentam texto:
› às vezes narrativo;
› algumas vezes com tipografia variada;
› com uma disposição espacial fragmentária;
› com alternância entre títulos e subtítulos;
› com elementos paratextuais (glossário, índices, sumário, bibliografia etc.).

Também apresentam imagens que:
› frequentemente acompanham o texto;
› podem ser lidas de forma independente;
› brincam com o espaço da página;
› são de diferentes tipos (fotos, esquemas, tabelas, gráficos, mapas etc.).

4. Um novo conceito de livro

Vimos que os livros informativos não funcionam do mesmo modo que os de ficção. Possuem projeto gráfico e conteúdo complexos e, assim como exigem dos leitores novas estratégias de leitura, também pedem nossa atenção aos numerosos elementos com novas pautas valorativas que contêm. Este aspecto é crucial. Em muitas das minhas oficinas, um dos obstáculos que encontro junto aos mediadores é a dificuldade para avaliá-los, o que faz com que os livros informativos venham sempre em segundo lugar nas indicações, prevalecendo, mais uma vez, as leituras literárias.

Observamos, por exemplo, que alguns livros muito atraentes são abandonados em poucos minutos pelas crianças, que se contentam apenas em olhar as figuras de forma desordenada. Em outras vezes, ao procurarem uma informação específica em um livro de fácil manuseio, acabam por não encontrá-la, ou porque é insuficiente ou porque a informação se mostra inacessível para elas. Embora a edição desses livros tenha melhorado bastante em qualidade e em conteúdo, muitos deles foram produzidos baseando-se em modismos, e outros, embora tenham tentado, não conseguiram se adequar aos níveis de leitura dos leitores aos quais se destinam. Também, é claro, há muitos que simplesmente imitam os livros didáticos. Luisa Massarani, ex-editora da revista brasileira *Ciência Hoje das Crianças*, convida a uma revisão cuidadosa dos métodos de avaliação:

"em geral, os conteúdos científicos repassados às crianças têm baixa qualidade, não permite o estabelecimento de relações significativas com o ambiente que as rodeia e não permitem a aquisição de uma visão mais clara da atividade científica, com suas vantagens e limitações" (Massarani, 1999)[1].

Esse é um aspecto que preocupa muitos mediadores, sejam eles bibliotecários, professores ou pais, e que faz com que algumas vezes, mesmo sem intenção, a seleção não seja feita com o devido cuidado, por julgarmos que nossos conhecimentos nunca poderão se equiparar aos de um cientista que escreve sobre moléculas ou aos de um pesquisador que fez descobertas arqueológicas. Um de nossos objetivos será ajudar a detectar critérios de qualidade que nos permitam confiar nos conteúdos.

Salvo algumas exceções muito evidentes, nunca poderemos falar de livros bons ou ruins em geral, e poucas vezes teremos em nossas mãos um livro informativo que reúna todos os requisitos para que seja considerado perfeito. Às vezes, a didática deixa a desejar, ou faltam índices, ou o excesso de imagens relega desnecessariamente o texto a um segundo plano. Por outro lado, todos os livros são bons na medida em que permitem aos leitores ter acesso a um mundo de informação.

---

[1] Reflexões sobre a divulgação científica para crianças, trabalho apresentado no GT Comunicação e Ciência. In: *Intercom* (Sociedade Brasileira de Estudos Interdisciplinares da Comunicação), 1999, Rio de Janeiro.

5. Um pouco às pressas: aspectos formais

Em nosso trabalho cotidiano nem sempre temos tempo suficiente para ler o livro inteiro. Às vezes, precisamos preparar uma bibliografia sobre um tema, ou temos pouco tempo para escolher um livro. Para aqueles que nem sempre podem examinar a fundo um livro informativo, este capítulo procura dar elementos, de forma rápida, que permitem identificar o conteúdo do livro e avaliar seus aspectos formais: o tamanho, se a capa é dura ou não, a qualidade da impressão e uma base sobre a qualidade dos conteúdos. Não será uma avaliação definitiva, mas nos dará muitas pistas. É também um bom começo para aqueles que não querem ser especialistas, mas desejam incluir os livros de não ficção em suas práticas.

Quem faz o livro

Quando falamos de quem faz o livro, devemos procurar com atenção na página de créditos, quase sempre após a página de rosto, onde estão relacionados os nomes dos autores, os dados da editora etc. Verificando os créditos, saberemos se o livro foi escrito por uma única pessoa ou por uma equipe de autores, e poderemos obter informações sobre sua formação e sobre como o próprio autor apresenta o livro. Se ele foi produzido por uma equipe, esta provavelmente será formada por um ou vários autores, ilustradores, adaptadores e tradutores.

Pode também haver assessores científicos ou pedagogos que se responsabilizaram pela revisão dos conteúdos.

> O AUTOR

No livro *Na Idade da Pedra*[2] (Editora Molino), o autor Satoshi Kitamura[3], muito apreciado por seus álbuns para crianças, mas pouco conhecido como divulgador da ciência, escreve: "o autor e o editor agradecem a Alison Roberts, do Museu Ashmolean, de Oxford, por sua valiosa ajuda na elaboração deste livro". Esse dado costuma aparecer com frequência nos livros de publicação recente e nos fornece pistas sobre o tipo de documentação utilizada na pesquisa e, neste caso, o apoio que Kitamura possivelmente recebeu para a realização do livro. Junto ao índice e à cronologia, no término do livro, o autor explica um pouco mais a motivação de seu projeto:

> *"As pinturas rupestres sempre me fascinaram. Durante anos eu as vi em fotos e livros, e ficava fascinado. Até que, num verão, resolvi ir ao sul da França, onde há muitas cavernas com pinturas para vê-las pessoalmente. Foi uma das experiências mais memoráveis da minha vida. Que pinturas! [...] Este livro é o resultado das minhas fantasias com aqueles pintores e com as pessoas da Idade da Pedra."*

Desta forma, com uma simples consulta, podemos conhecer as motivações do escritor sobre seu texto, e deduzir

---

2 Editora espanhola, sem publicação no Brasil.
3 Satoshi Kitamura nasceu em Tóquio, em 1956. Começou a trabalhar como ilustrador aos 19 anos, influenciado pelas HQs. Mudou-se para Londres e desde 1981 profissionalizou-se como ilustrador. Em 1999 recebeu o Prêmio de Ilustração da National Art Library.

que, provavelmente, terá conseguido transmitir em seu livro as próprias emoções. Sonhos de infância, uma viagem, um registro documental... é um bom começo. As crianças precisam desenvolver critérios independentes para poder selecionar suas futuras leituras. Avaliar as qualificações dos autores é o primeiro passo para desenvolver certa autonomia nessa seleção.

Há uma ideia preconcebida de que um cientista se expressa de forma neutra, objetiva, sem marcas de presença nos enunciados. No entanto, muitos cientistas se envolvem pessoalmente no que dizem e transmitem sua paixão. Diego Golombek, diretor da coleção argentina de divulgação científica *La ciencia que ladra* (Editora Siglo XXI), explica:

> *"peço paixão na escrita. A premissa é: vamos escrever um livro para que as pessoas possam lê-lo no metrô como se estivessem lendo um romance"* (Franco, 2009).

Autores de tais livros levam em conta o receptor e seu nível de compreensão. É uma forma de "abrir o fechado", revelando o fazer científico à sociedade. Para isso, utilizam uma linguagem mais coloquial, em que dá ênfase no que considera mais interessante, o que inclui também o uso de interrogações ou exclamações. O texto se transforma então, como veremos mais adiante, em algo "aberto" (Calsamiglia, 1996).

Se o livro foi escrito por um cientista, provavelmente constará nele algum agradecimento institucional ou a colegas. Os dados sobre os autores nos apresentam informações e podem colaborar para estimular ainda mais o interesse dos leitores sobre o tema. É uma boa pista para que os conteúdos sejam analisados posteriormente, o que não supõe, *a priori*, uma valoração. Há escritores que são divulgadores maravilhosos graças a seu conhecimento sobre a infância e a sua escrita cheia de encanto e personalidade. É o caso de Aliki, Peter Sís, Piero Ventura ou David Macaulay, cujos livros exploraremos ao longo deste estudo. Por outro lado, há cientistas que não conseguem expressar ideias complexas para o público em geral ou simplesmente não têm vocação como divulgadores. De qualquer modo, quem escreve escolhe a interpretação que deseja dar e a forma como orientará o seu discurso.

O uso correto da linguagem ajuda a ampliar a percepção do mundo. Traz novos significados, oferece diferentes matizes. Um bom divulgador científico dará especial importância ao uso da linguagem ao se comunicar. As crianças necessitam aprender muitas coisas e o mundo precisa ser um lugar familiar para elas.

Em um breve estudo sobre a produção de livros científicos para crianças (Bravo Gallart[4], s/d.) foram analisadas coleções de oito editoras e se destacou a presença maciça de educadores ou divulgadores (não discriminados) como autores de livros científicos, indicando que "é lamentável que uma grande parcela dos cientistas não dedique uma parte de seu tempo para tornar mais compreensível aquilo que estudam". Na realidade, as experiências vividas por cientistas que se dedicam a escrever divulgação científica para crianças não costumam ser facilitadoras em razão do tipo de linguagem que utilizam. O que não deve significar que fiquemos precavidos quando observamos que um livro foi escrito por um cientista. Veremos, mais adiante, alguns excelentes exemplos.

---

4 Silvia Bravo Gallart, pesquisadora espanhola, PhD em Física de Partículas, especialista na comunicação científica e divulgação.

Nos dias atuais, muitos livros incluem dados sobre seus autores. Há alguns anos essa informação, quando aparecia, estava reservada aos leitores mais velhos, mas hoje os editores compreenderam que é um dado importante para avaliar a personalidade do livro. Um texto é criação de um autor, tem um ponto de vista e uma intencionalidade. Assim, se o leitor pode captar isso desde a primeira página, tanto melhor. Janell Cannon, em seu livro sobre cobras indicado para os mais novos, *Verdi* (Editora Rocco, 2002), inclui uma nota com um agradecimento especial: "A Clay Garrett, herpetólogo do zoológico de Dallas há dez anos e diretor da revista *Vivarium*. A Robert Brock, responsável pelo terrário do zoológico de San Diego e a Karen Weller-Watson 'palavróloga'". O que significa que, embora a autora não seja especialista em cobras, consultou pessoas que a ajudaram a resolver suas dúvidas de maneira científica. Os agradecimentos do autor são uma forma de mostrar seus esforços para respaldar-se.

A ilustradora Anne Möller explica em *Construir nidos, cavar agujeros: cómo protegen los insectos a sus crías*[5] (Editora El Naranjo) que nunca tinha se interessado pelos insetos até que "um dia, no início do verão, descobri no galho de uma pereira uma folha enrolada e, sobre ela, um besourinho [...] Mais tarde, comecei a pesquisar os hábitos das abelhas silvestres e outros insetos na construção de seus ninhos". Möller compartilha com seus leitores o processo que ela mesma viveu com alguns comentários: "Essas folhas de roseira têm buracos circulares e ovalados. Sabem por quê?".

---

5 *Construir ninhos, cavar buracos, como os insetos protegem suas crias* (tradução livre, editora mexicana, sem publicação no Brasil).

Outro exemplo pode ser encontrado no livro *Um niño llamado Giotto*[6] (Editora Tuscania). Paolo Guarnieri e Bimba Landmann contam a vida do pintor italiano e, para anunciar ao leitor o tipo de livro que encontrará, colocam em uma das guardas um quadro que parece ter sido pintado pelo próprio artista onde escrevem: "Giotto nasceu há mais de 700 anos, perto de Florença. Da sua infância sabe-se apenas que era pastor, e da sua primeira juventude, que foi aluno de Cimabue. O resto é lenda, como esta história." Não é uma boa dica sobre as limitações da informação e a sinceridade dos autores?

Um bom divulgador não é um mero transmissor de informação, é um autêntico criador que dá um sentido novo ao conhecimento quando o contextualiza na vida cotidiana. As crianças estão acostumadas a trabalhar na escola com livros didáticos nos quais os autores (em geral, um grupo anônimo) transmitem a seguinte mensagem: "Confie em mim que eu vou lhe ensinar tudo". Justamente o contrário do que deve ser um pensamento crítico. E os autores dos livros informativos podem contribuir para desenvolver essa forma de pensamento.

> OS QUE TRADUZEM OU ADAPTAM OS TEXTOS

Dada a enorme quantidade de traduções existentes no mercado editorial[7], não é má ideia olhar com mais atenção a página de créditos para ver o que é apresentado. Esse pequeno espaço pode se mostrar um tesouro, pois nele constam as informações de quem são os autores, os editores, a editora original e os

---

6 *Um garoto chamado Giotto*; editora espanhola, sem publicação no Brasil.

7 Na primeira edição desta obra, publicada em 2013, a autora apresenta a informação de que 70% do mercado editorial espanhol era composto por livros traduzidos.

tradutores e/ou adaptadores. É raro o livro que não inclua algum tipo de adaptação aos conteúdos. De um livro de Ciência cuja tradução requer um vocabulário técnico, a um de Ciências Sociais que precisa adaptar exemplos à cultura que vai recebê-lo.

Uma vez, durante a confecção de um dos dossiês que fizemos para a revista *Educación y Biblioteca*, pedimos a um físico que analisasse os conceitos presentes em alguns livros. Os livros de Física são os que apresentam mais dificuldades para serem revisados, por isso achamos oportuno pedir ajuda. Em seu trabalho, Pérez del Real (1998) concluiu que havia muitos erros conceituais nas traduções que poderiam ter sido facilmente corrigidos com uma simples revisão especializada.

Olhando os créditos, podemos nos perguntar: Há citação sobre o tipo de adaptação feita e quem a realizou? Quanto aos conceitos, incluíram-se notas para explicar o contexto aos leitores? Se em um livro de procedência britânica aparece um prato indiano — comida com que muitas crianças inglesas estão familiarizadas —, deveria existir uma nota explicando ao leitor em que consiste esse tipo de comida, ou o exemplo deveria ser substituído por outro local. Esta é uma das tarefas do tradutor, do adaptador ou, na falta deste, do editor.

A astrônoma e divulgadora mexicana Julieta Ferro, em uma entrevista sobre seu livro *A astronomia no México*, explica a necessidade e importância de que crianças encontrem referências adequadas a sua experiência e cultura, pois "todos os exemplos são pensados para crianças anglo-saxãs" (Ferro, 2002). Ela também lembra como temas que deveriam ser mais próximos da realidade do leitor, como a relação histórica do México com a astronomia, acabam por se tornar distantes da experiência de leitura dessas crianças.

OS RESPONSÁVEIS PELO PROJETO GRÁFICO E PELA PUBLICAÇÃO DO LIVRO

Continuamos no nosso baú do tesouro, a página de créditos, agora dirigindo nossa atenção à editora e à coleção as quais o livro pertence. É um ponto de partida para uma primeira impressão. Editoras que têm um grande acervo de livros didáticos procuram livros informativos que complementem o currículo escolar. Em editoras independentes, os livros informativos às vezes se confundem com os de ficção. É o que aconteceu por muitos anos com os livros de viagens de Mitsumasa Anno[8].

Publicados pela prestigiosa editora espanhola Juventud, famosa por seus excelentes livros-álbuns, esses complexos livros foram (e ainda hoje são) relegados à prateleira de livros para não leitores apenas por não apresentarem texto, depreciando, assim, o valor dessas fascinantes viagens pelas culturas ocidentais. Devemos desconfiar das marcas e rótulos prévios. Cada editora tem sua própria personalidade e, em razão de seus critérios de qualidade, algumas são mais prestigiadas que outras. No entanto, cada livro é um mundo em si mesmo que merece ter a oportunidade de encontrar o espaço mais adequado.

As coleções representaram, durante muitos anos, um bom sinalizador de qualidade. Das primeiras e espetaculares *Altea Benjamín*, *Altea Mascota* ou *Biblioteca Visual*, criadas pela editora francesa Gallimard como uma espécie de enciclopédia, até as muitas que ocupam atualmente os catálogos, costumam ser uma maneira simples de identificar uma série que, muitas

---

8 Mitsumasa Anno nasceu em Tsuwano, no Japão, em 1926. É ilustrador e escritor de livros infantis, ganhador do Prêmio Hans Christian Andersen em 1984 por sua "contribuição duradoura para a literatura infantil".

vezes, serve como uma boa referência na hora de selecionar o livro. A variedade de temas e o tratamento dado a ele, a combinação entre um bom projeto gráfico e a qualidade do texto, assim como um formato pequeno com preço bom tornam as coleções bem acessíveis. Deve-se levar em conta, entretanto, que muitas dessas coleções pressupõem um formato que padronize e priorize a informação, qualquer que seja o tema. O projeto gráfico e o formato de um livro sobre animais não pode ser igual a outro sobre história da filosofia (tema, aliás, que se costuma descartar). A coleção exige um determinado número de páginas, um formato etc. que limita suas possibilidades, sobretudo quando se trata de traduções, cujo maior problema é ajustar o texto traduzido a um espaço predefinido em outro idioma. Por esse motivo, encontramos coleções com muitos temas repetidos e sentimos falta de outros, como será analisado mais adiante quando tratarmos dos conteúdos.

A pesquisadora von Schweinitz (1995) fala de um problema muito frequente quando nos deixamos guiar pela coleção como um critério de qualidade:

"muitos professores, quando ocupados, escolhem os livros informativos recorrendo aos catálogos das editoras, onde a ênfase é dada às séries (muitos catálogos, inclusive, omitem o nome do autor ou do ilustrador). Esta apresentação pode fazer crer aos professores que as séries garantem uma homogeneidade de qualidade em seus títulos e, como estes dispõem de pouco tempo, uma vez adquirido o livro não tornam a examiná-lo com a minúcia que seria conveniente".

Ainda que trataremos desse tema mais à frente, cabe aqui mencionar que as coedições foram um dos fenômenos mais surpreendentes do panorama editorial de muitos países. A possibilidade de juntar quinze ou vinte editores de diferentes países para imprimir a custos mais baixos livros de excelente qualidade representou um avanço revolucionário para os livros informativos. Livros que contaram com a participação de fotógrafos especializados, museus que contribuíram com acervo documental, designers e uma equipe de pesquisadores não poderiam ter sido impressos por uma só editora em virtude dos altos custos de produção. Esse cenário também implicou, em muitos casos, na impossibilidade de compartilhar temas minoritários.

É difícil para um editor que participa de uma coedição impor um tema local, ou um olhar nativo, regional, o que explica a limitada variedade de conteúdos e temas. Se um livro dedicado a pintores surrealistas inclui o acervo de um determinado museu europeu, é quase impossível incluir quadros de outros museus que não tenham estado envolvidos desde o início na elaboração do livro. Cada livro deverá ser considerado em sua individualidade e, embora as coleções deem uma impressão de homogeneidade, o nível de cada livro com respeito ao tema tratado será diferente.

TÍTULO E TEMA

O título é a primeira informação que recebemos sobre o tema do livro e, muitas vezes, pela forma como ele foi escolhido, pode funcionar como um convite para nos aproximarmos dele. Um título como *Mamãe botou um ovo*[9] ou *Fedelho: Manual do proprietário (ou Como as crianças funcionam)* já diz muito do estilo humorístico

---

9 Cole, Babette. São Paulo: Editora Ática, 2006.

que vamos encontrar. Embora seja aparentemente simples, pode ser um bom caminho para que os leitores comecem a formular suas primeiras hipóteses e a se questionar sobre o conteúdo: "Este tema me interessa? Desperta minha curiosidade? O que sei sobre ele? Sobre o que será o livro? Parece divertido..."

Há títulos que apenas informam: *Os dias diferentes*, *A cidade*, *Animais no zoológico*, *Tudo sobre nós*... Outros já anunciam detalhes do conteúdo: *O grande livro dos animais contado por um diretor de zoológico* apresenta um livro sobre animais (mais um!), mas o ponto de vista do diretor de um zoológico pode ser um ponto de partida sugestivo para abordar aspectos pouco explorados no estudo dos animais. Há títulos que despertam a curiosidade: *É alucinante!*, para um livro de educação sexual, ou *Carolina no museu*, em que uma menina visita um museu, um espaço em geral reservado aos adultos. Algumas vezes, o sensacionalismo é usado para chamar a atenção: *Animais assombrosos*, *Grandes cordilheiras*, *Os maiores recordes*, incorrendo normalmente em exageros e até mesmo em redundâncias, pois as cordilheiras por si mesmas já são grandes, e a palavra recorde também supõe uma ideia de algo maior. É verdade que crianças e jovens sentem uma atração especial por tudo o que é sensacionalista ou pelos recordes. Um dos *long-sellers* da história da leitura é *O livro guinness dos recordes*[10]. Os jovens leitores gostam muito dos extremos: o melhor, o mais estranho, o mais incomum; razão pela qual devemos considerar, quando analisamos os conteúdos, se o título é usado apenas como "isca" ou se, de fato, o livro vai falar das maiores cordilheiras.

---

10 No Brasil: *Guinness World Records*, publicado pela Editora Agir.

Frequentemente a natureza é apresentada como algo extraordinário e surpreendente, quando deveria receber um tratamento mais modesto. O livro *Assombrosos lagartos*[11] da coleção *Mundos Assombrosos* apresenta fatos que parecem espetaculares, como lagartos esguicharem sangue pelos olhos, enquanto, nesta mesma coleção, o volume dedicado às borboletas não se diferencia de qualquer outro livro sobre borboletas. Já um livro como *Perguntas surpreendentes, respostas incríveis* explora realmente curiosidades e fatos excepcionais, como saber o motivo pelo qual a torre de Pisa é inclinada. Lemos esse livro com muito interesse justamente por apresentar, com rigor e também com humor, fatos isolados que são verdadeiramente curiosidades.

O assombro e o sensacionalismo são uma tendência frequente nos meios de comunicação, nos quais quase sempre as notícias sobre ciência estão relacionadas a catástrofes ou a fenômenos extraordinários. Convém, por isso, evitar uma grande quantidade de livros como esses, pois o abuso pode passar uma visão "sensacionalista" do mundo e gerar a falsa ideia de que a ciência ou a natureza só merecem ser observadas em suas facetas mais extravagantes. O exagero procura chamar a atenção, o que, em muitos casos, consegue, por isso é necessário fazer um exame minucioso para avaliar se o livro permite aos leitores ampliar suas informações e confrontá-las com outras. A magnificação dos temas produz um efeito de distanciamento, fazendo com que resultados excepcionais se associem a fatos fora do comum.

Há outros casos em que se recorre ao apelo, isto é, o leitor é convidado à ação, como em *A terra é sua. Cuide dela!* ou *Cinquenta*

---

11 Autoria de Trevor Smith.

coisas que você pode fazer para salvar o planeta. Esse recurso costuma ser usado em livros de ecologia para envolver o leitor no tema e propor atividades que possam ser realizadas na vida cotidiana. Ao analisarmos os conteúdos, devemos considerar se livros como esses não levam os leitores a posições extremistas (Devemos reciclar! Comer carne não é bom para o planeta! etc.) ou se contrariam as expectativas criadas pelo título. De algum modo, títulos apelativos acabam por manipular o leitor, obrigando-o, por vezes, a se sentir responsável por questões sobre as quais ainda não estão muito bem informados.

Os títulos também condensam o conteúdo, procurando resumi-lo da forma mais abrangente possível. Um livro de pequeno formato chamado *Miniguia da Ciência* revela, ao examinarmos o índice, que trata apenas de Física e Química, passando uma falsa ideia de que somente essas duas áreas fazem parte da ciência.

Há livros em que o título pretende esgotar um tema, como os que dizem "Tudo sobre...". Eles dão uma ideia equivocada e fechada do conteúdo, pois não existem temas finitos ou possíveis de serem esgotados em suas pesquisas. A ideia de que um livro pode conter tudo não é crível do ponto de vista real e científico, pois, embora sejam livros que, sem dúvida, apresentam muitos dados, nunca poderão abranger "tudo". Quem acredita que o livro *Todos os jogos do mundo* seja capaz de conter uma relação completa de todos os jogos?

Olhar o tema e como é apresentado também nos dá uma ideia da forma como é explicado. A coleção *O mapa do seu corpo*, da editora espanhola independente Media Vaca, inclui títulos como *Umbigo* e *Crostas*. Com tantos livros sobre o corpo humano, esta série toma como ponto de partida assuntos do corpo que interessam às crianças, e vai, de maneira muito original, do particular ao geral. As crianças, em sua maioria, apreciam temas relacionados à sua socialização: futebol, carros, *videogames*, trens ou batalhas. O uso de livros que documentam e falam sobre o tema é uma forma de transformar a informação em conhecimento.

O título também nos ajuda a ficar atentos para temas menos abordados, mas interessantes: a história da tatuagem, a construção do metrô e a vida subterrânea na cidade, por que usamos talheres, as piores invenções do mundo. Um livro a mais que fale sobre dinossauros pode nos deixar indiferentes, mas podemos ter uma perspectiva surpreendente se um autor entra nos bastidores de um museu de Ciências Naturais e nos conta como é feito um modelo gigante desse animal.

ORGANIZAÇÃO GERAL

› IDIOMA ORIGINAL

Continuamos na página de créditos. Quando nos acostumamos a consultar esta página com atenção, ela logo se transformará em uma leitura que oferece muita informação. Nela podemos verificar o idioma original em que a obra foi escrita. Em geral, estão relacionados o título original do livro no idioma em que foi publicado pela primeira vez, o país de origem e o ano de edição. São dados importantes para determinar a atualidade do livro e ficar alerta durante a leitura dos conteúdos.

› RECUPERAR A INFORMAÇÃO

Outros elementos que aparecem nas primeiras ou últimas páginas são o sumário, os índices, a apresentação, o modo de usar. É recomendável que o livro apresente todos eles. Os índices ajudam as crianças a saberem o que podem encontrar no livro, eles indicam o número da página onde se encontra o capítulo e como o livro está dividido, o que permite que se compreenda rapidamente como está organizado e os temas que apresenta. Os índices e o sumário possibilitam que uma obra seja lida de forma continuada ou de maneira pontual, por exemplo, pelos temas, lugares ou pessoas citadas. Se uma criança deseja saber como alimentar seu hamster, encontrará rapidamente essa informação recorrendo a essas ferramentas. Nos livros para leitores mais novos ou nos livros que se apresentam como narrativa, esses elementos são desnecessários.

> ÍNDICE OU SUMÁRIO, ÍNDICES TEMÁTICOS
Se nos romances, o índice está organizado de forma a não revelar o conteúdo do livro ao leitor, nos livros informativos, o índice deve oferecer o maior número possível de informação. É considerado elemento importante para recuperar a informação e está presente em quase todos os livros publicados nos últimos anos, exceto nos livros narrativos e nos destinados a leitores iniciantes.

Um bom índice é como uma radiografia da estrutura do livro e nos indica o alcance do mesmo (Mallet, 1992). Permite-nos reconhecer os capítulos com rapidez e identificar se algum deles particularmente nos interessa. Um leitor eficaz sempre consulta o índice de conteúdos para ver o que o autor propõe sobre o tema e de que modo. É como o "mapa" do livro.

Os índices temáticos (geralmente no fim do livro) repertoriam a informação detalhada com temas e subtemas.

Há ciências que são mais fáceis de indexar: a Física, a Química, a Matemática, a História e a Geografia não costumam apresentar muitos problemas. Outras requerem certa sofisticação, pois se organizam não só por temas mas também por ideias que permitem aos leitores experientes encontrar no livro a informação que esperam. Às vezes, é frustrante para um jovem que pesquisa determinado tema encontrar apenas uma pequena referência. Se o índice incluir ideias, termos e fenômenos suscitará mais curiosidade sobre o conteúdo. Mas nem sempre é assim. Algumas vezes, o índice temático acaba se constituindo em uma seleção arbitrária de palavras e, quando procuramos por alguma informação importante, não a encontramos por não ter sido corretamente indexada. Um pequeno teste que pode nos ajudar: é só nos perguntarmos, diante de um livro, o que uma criança possivelmente procuraria nele e conferir se o índice orienta o leitor a encontrar a resposta.

Em um livro sobre Van Gogh, em que muitas páginas são dedicadas à relação de sua doença mental com sua pintura (um tema que costuma gerar muita curiosidade quando se ouve falar do pintor), não há nenhum registro no índice que nos permita acessar diretamente as páginas correspondentes a esse assunto. A grande variedade e quantidade de temas tratados nos livros podem dificultar a criação dos índices (von Schweinitz, 1995), mas uma equipe que leve em conta as demandas dos leitores tem condições de orientar esta consulta com praticidade.

Podemos medir o nível de acessibilidade de um livro pela rapidez com que encontramos uma resposta, seja no índice ou no sumário.

› O GLOSSÁRIO

Não está necessariamente presente em todos os livros. O glossário não deveria ser usado para oferecer termos que, de algum modo, não estejam explicados no livro. Deveria conter as palavras fundamentais sobre o tema apresentado seguidas por uma breve definição que amplie o significado. Trata-se apenas de um lembrete de algo já abordado no conteúdo do livro. Em alguns casos, apresenta-se como um dicionário que ajuda a compreensão de palavras difíceis presentes no texto. Costumam aparecer em negrito durante a leitura e, embora alguns mediadores questionem sua utilidade por acharem que distrai o leitor, experiências com crianças revelam que para algumas é mais prático saber que aquela palavra é difícil, mas que podem fazer uma pausa no texto enquanto procuram seu significado (Mallet, 1992). Por outro lado, não é prejudicial, pelo contrário, as crianças adquirirem o hábito de procurar as palavras que não compreenderam em um dicionário. São os leitores que avançam em sua própria aprendizagem de termos científicos, tão necessária para a criação de conhecimento.

› BIBLIOGRAFIA

A bibliografia é uma excelente maneira de expandir o texto em direção a outros livros e referências, uma vez que amplia o conteúdo do próprio livro. A bibliografia é o conjunto de referências utilizadas pelo autor que nos mostra as fontes utilizadas por ele durante a confecção do livro. É importante porque habitua as crianças a saber que há informações sobre o assunto que foram escritas anteriormente e que o conhecimento não brota do nada, reforçando a importância do registro e da documentação. A inclusão de uma bibliografia transmite uma importante mensagem aos leitores. Diz a eles que a pesquisa é iniciada antes de começar a escrever.

Se a editora inclui a bibliografia, esta deve conter referências reais e úteis para os leitores: não convém que predominem livros em outros idiomas, uma tradução da edição original ou uma bibliografia onde só apareçam livros da mesma editora. A bibliografia deve ser fácil de consultar. Em certos casos, algumas linhas são incluídas sobre o conteúdo dos livros apresentados no glossário, o que acaba sendo muito útil para decidir a leitura deste ou daquele livro.

Atualmente, ainda se costuma pedir às crianças que escrevam sobre "o que quiserem, redação livre". Esta proposta limita a visão do que é pesquisar, e mais, pesquisar para repertoriar-se. A presença de bibliografia combate a ideia de que "não tenho ideias porque não sei o suficiente". A escrita não é algo que surge automaticamente: requer estudo e documentação como parte do processo, e isso uma boa bibliografia também ensina. (Carter e Abrahamson, 1990).

› APÊNDICE

É comum acrescentar um apêndice de endereços à bibliografia. São muito úteis se forem adaptados ao leitor do país a que se destina. A inclusão de dados de um museu de trens e ferrovias em um livro sobre esse tema, por exemplo, é um bom pretexto para visitá-lo. O mesmo vale para livros de ecologia que podem oferecer endereços de associações, ONGs e institutos, o que permite aos leitores participar e pôr em prática as orientações presentes no livro.

› GUARDAS

As guardas nos livros para crianças sempre foram um espaço inútil, um ponto morto; um par de folhas em branco ou com alguma ilustração antes de o conteúdo do livro começar "de verdade". Os novos projetos gráficos, contudo, consideram que as crianças ao abrirem os livros já desejam começar a ler, por esse motivo, muitos autores começaram a incluir algum tipo de material também nos livros informativos. Aliki e Mitsumasa Anno utilizam as guardas como se fossem um índice. No livro *Dinossauros* (Editora Montena) ou em *O grande livro dos monstros* (mesma editora), elas correspondem ao começo do livro, contendo envelopes que incluem alguma carta, ou um pôster dobrável. Em *Na idade da Pedra* (Editora Molino), cada guarda é diferente e traz desenhos de animais pré-históricos com seus respectivos nomes.

› QUARTA CAPA

Ao contrário dos adultos, para quem a quarta capa costuma ser o primeiro guia para decidir se abrimos ou não o livro, visto que nos indica do que se trata o texto, seu estilo e/ou intenção, o mesmo não acontece com as crianças, pois este não é propriamente um texto que elas costumem ler para conhecer o conteúdo do livro. Na coleção *Arte para crianças* (Editora Conaculta), o livro dedicado à comida inclui o seguinte texto: "Quantos tipos de comida você conhece? Há pratos antigos, apetitosos, coloridos, saudáveis... para os que comem pouco, mas também para os que comem até nos sonhos". Um texto como esse na quarta capa costuma ser um bom convite à leitura e podemos utilizá-lo antes de recomendar o livro a nossas crianças, ou para começar a hora da história.

› DIAGRAMAÇÃO, PROJETO GRÁFICO, FORMATO

A organização de um livro depende em grande parte do projeto gráfico escolhido. Um dos problemas dos livros modernos é sua exploração: o que ele traz e como se encontra algo que não conhecia, que não sabia ou que, inclusive, não estava procurando. Dependendo do projeto gráfico e da organização, pode ser mais fácil encontrar do que procurar. O que é mais importante deve ser identificado prontamente em qualquer página, além de ser um convite ao leitor. Este, por sua vez, poderá diferenciar a opinião dos fatos e o comentário das informações objetivas. A organização interna de um livro deve ser planejada para que o leitor seja independente diante do livro e do texto.

Muitos livros incluem no início um "guia de uso" para orientar o leitor por meio de vários elementos que encontrará. Segundo Jacobi (2005), em razão do novo conceito scriptovisual e iconográfico dos livros informativos, seus autores são mais que escritores, designers ou fotógrafos. Não é raro encontrar livros em que a primeira decisão editorial tomada tenha sido a organização da parte gráfica. A escrita, cuidadosamente controlada, destina-se a sugerir percursos de leitura em que se combina de maneira eficaz o escrito e o visual.

Já indicamos a complexidade dos livros que incluem muitas referências e dispersam a informação. Por isso, o projeto gráfico não deve ser concebido como uma ideia e sim como uma série encadeada de imagens inscrita em uma concepção global para que obra permita ver melhor, ver mais, ver de outra maneira. Há livros muito atraentes: cheios de imagens espetaculares. Comparados a estes, outros mais simples podem nos dar uma falsa ideia de pobreza. Não é bem assim. Há muitos autores (Hornung, 1993) que são contra livros de 100 páginas com mais de 150 ilustrações, por exemplo. Consideram que isso é um reflexo da sociedade de consumo e recomendam não recorrer muito a livros desse tipo, uma vez que parecem um delicioso banquete visual , mas só servem para nos empanturrar.

A possibilidade de baratear os custos de produção por meio das coedições significou o desenvolvimento de uma série de coleções cujos livros trazem uma estrutura que aproveita muitos recursos, tanto gráficos como de diagramação e de papel (diferentes texturas, metacrilatos, *pop-ups* etc.). São livros belos, sem dúvida, que dão vontade de abrir e folhear desde o primeiro momento; no entanto, devemos observar se há uma ordem interna, se o conjunto tem uma coerência, se funciona como um "passeio visual".

Algumas iniciativas muito interessantes melhoraram o projeto gráfico dos livros. Nos anos 1980, houve um grande desenvolvimento de coleções oriundas de museus, tanto de Artes como de Ciências. A criação do Museu das Ciências de La Villette (Paris) envolveu muitos pesquisadores e especialistas de diversas áreas em um trabalho comum para analisar os livros e os materiais existentes (Guérin, 1993).

É possível observar se houve um esquema ordenado na concepção do projeto: se a cronologia sempre está no mesmo lado, se as curiosidades estão em um quadro separado para diferenciá-las da informação etc. Do mesmo modo, a tipografia nos orienta nos níveis de leitura. Podemos avaliar também se o tamanho é adequado. Há muitos livros de bolso e até minis que requereriam outro formato, mas pretendem oferecer um livro de aparência exótica (a ciência na palma da mão!), mas de leitura difícil em razão, principalmente, da tipografia. Há um livro, *Uma granja de outra época* (Editora Juventud), publicado em formato de um enorme retângulo horizontal que não facilita em nada o manuseio, ainda que seja uma homenagem a uma forma de vida já quase desaparecida. Os grandes desenhos de Philippe Dumas[12] nos aproximam de muitos detalhes que de outra forma não seriam tão evidentes. Às vezes, nota-se que os livros sofreram uma redução de formato até chegarem a um tamanho tão pequeno que transforma um desenho interessante em um obstáculo para a leitura. O contrário também acontece: a moda de criar livros gigantescos não costuma trazer nada novo, salvo sua complicada manipulação.

A página dupla passou a ser tão utilizada que se pode dizer que, nos dias atuais, trata-se de um formato muito empregado ao qual os editores parecem não estar dispostos a renunciar. Inspirou-se no formato das revistas e em geral subordina a distribuição da informação, pois cada página dupla pode ser aberta ao acaso e ser lida independentemente do que houver antes ou depois dela. Trata-se de um tipo de leitura desarticulada, breve e rápida, mais próxima do *zapping* visual televisivo que de uma leitura atenta. Sobre esse tipo de formato falaremos mais adiante, mas enquanto isso podemos nos questionar se ele de fato facilita o acesso à informação. Sua predominância ajuda os leitores a serem autônomos? Esta é a pergunta mais importante, muito mais que as qualidades plásticas que impressionam os adultos e que são secundárias nos processos de leitura e compreensão.

Como parte do projeto gráfico, podemos examinar o material iconográfico utilizado. A já citada coleção *Arte para*

---

12 Philippe Dumas, autor, ilustrador, pintor e cenógrafo francês nascido na cidade de Cannes em 1940.

crianças, dirigida aos mais novos, usa uma iconografia muito rica e sugestiva: reproduções de quadros, de peças arqueológicas e de cerâmica, desenhos, detalhes, fotos etc. que atraem a atenção do leitor antes mesmo do início da leitura.

Para que se tenha uma ideia de como o projeto gráfico incorporou a tipografia nos diferentes tipos de leitura e de informação, basta olhar uma página qualquer do livro *A árvore da vida* (Editora Ática), de Peter Sís e dedicado a Darwin. No livro, duas tipografias diferenciam o relato formal da história (em negrito) do texto em itálico, onde o narrador dá sua própria versão do que ocorre em um tom mais coloquial. Na página são mescladas diferentes tipografias referentes à bibliografia, dados secundários e informação complementar. A aparente simplicidade do conjunto convida a uma leitura plural e ordenada.

Por fim, podemos observar qual é o modelo comunicativo do livro — quadrinhos, narração, formato jornal, pergunta/resposta — e de que maneira se relaciona com o tema, com os conteúdos e com o projeto gráfico. E que tipo de livro é: biografia, enciclopédia, guia, livro de experiências, dicionário, atlas etc.

› TEMA

Uma primeira aproximação com o tema do livro nos permite avaliar sua pertinência. Há outros livros publicados sobre o assunto? De vez em quando nos perguntamos se de fato é necessário um novo livro sobre animais, em vista de outros temas tão marginalizados, como filosofia, história, outras culturas. Diante de mais um livro, devemos nos perguntar se o tratamento dado a ele é original e se nos ajudará, durante a leitura dos conteúdos, a avaliá-lo melhor. Um livro chamado *História do açúcar, como ele mudou o mundo: escravidão, liberdade e ciência* parece, de antemão, muito sugestivo pela variedade de disciplinas que se propõe a mostrar: as que se referem ao alimento até as culturais, sociais e políticas.

Não devemos nos esquecer de que um de nossos objetivos como mediadores é apresentar a maior variedade de livros possível, e isso inclui temas que as crianças nem sempre solicitam.

6. Uma leitura tranquila: os conteúdos

Depois de uma folheada geral no livro que nos deu muita informação, o próximo passo é ler com tranquilidade os conteúdos. É uma atividade importante que nos orientará em nosso trabalho de seleção dos livros informativos e nas ações a serem desenvolvidas. Como já comentamos, muitos livros apresentam um padrão de leitura complexo, com imagens variadas, textos fragmentados, diferentes tipografias e outros elementos que orientam sobre os conteúdos. No entanto, há também muitos livros que procuram um padrão simples, cronológico ou narrativo.

Neste capítulo, aprofundaremos estes assuntos: como a informação é apresentada, para que servem os elementos gráficos, como analisar os níveis de leitura. Um aspecto importante a ser retomado neste capítulo é pensar sobre o livro no que diz respeito a seus aspectos menos objetivos: o posicionamento do autor e de qual perspectiva o tema é tratado. A ciência não é objetiva, nem mesmo quando um astronauta vai à Lua. O avanço da ciência exige debates e discussões, análises dos prós e contras sobre os quais os livros informativos deveriam refletir.

Um bom livro informativo deveria estimular a inteligência, tal como a define José Antonio Marina: "antecipa, previne, utiliza informações conhecidas, reconhece, interpreta" (Marina, 1994).

O bibliotecário francês Jean-Noël Soumy (1985) propõe que o valor de uma obra se baseie em alguns princípios comuns:

"diante de um determinado livro, o primeiro passo é colocar-se no lugar do leitor mais exigente possível ao qual o livro se destina. A que perguntas o livro pode responder? Que respostas oferece? As perguntas formuladas serão respondidas de maneira satisfatória (inclusive as não formuladas?)? Que função desempenhará na formação do leitor?"

Da sagacidade das perguntas dependerá o interesse pelas respostas.

COMO AVALIAR OS CONTEÚDOS

Até o momento, comentamos sobre muitos elementos dos livros informativos. A maioria deles será aprofundada ainda nesse capítulo. Para relembrar o que já foi apresentado e nos orientar sobre o que analisaremos, observemos a tabela a seguir.

CONTEÚDO	IMAGENS	TEMA
Linguagem	Fotografias	Intencionalidade
Vocabulário	Desenhos	Ponto de vista
Exposição da informação	Gráficos	Objetividade/ subjetividade
Níveis de leitura	Esquemas	Enfoque
Precisão, claridade e rigor	Tabelas	Desperta a curiosidade?
Progressão da informação	Cores	
Experimentos	Escalas	
Relação com a imagem	Relação com o texto	
Texto aberto/fechado	Estilo	

O QUE É DIVULGAR

A linguagem científica "pura" é complexa, específica e sofisticada, cheia de conceitos e termos diferentes da linguagem coloquial e da literária. Para o leigo se torna algo incompreensível e é uma das ressalvas que se faz aos cientistas: o desinteresse que mostram na divulgação de suas pesquisas. Para a classe científica, inclusive, "divulgar" é um termo pejorativo (Brockman, 1996).

Durante muito tempo, a ciência manteve forte oposição às humanidades, tanto que, quando pensamos em "cultura geral", não costumamos incluir as ciências consideradas "duras": Química, Física, Biologia ou Astronomia. Estes eram saberes restritos a uma minoria. Hoje se fala de uma terceira cultura, em que as duas culturas (Letras e Ciências) estão dando lugar a uma nova, na qual se amplia a comunicação entre os intelectuais de letras e os cientistas, ainda que, na realidade, seja o científico que acaba por se comunicar com o grande público (Brockman, 1996). Além disso, a ciência desenvolveu uma linguagem própria, um idioma técnico em que a Matemática desempenha um papel de destaque (Sánchez Ron, 2002).

O uso de siglas, acrônimos, abreviaturas, desinências greco-latinas e termos emprestados de outros idiomas são muito frequentes. Normalmente, são usadas construções impessoais e evita-se recursos mais expressivos, como as interrogações ou exclamações. E apenas se usam os vocativos, isto é, frases e palavras selecionadas para enfatizar e prender o interesse. Os cientistas, inclusive, de acordo com sua especialidade, permanecem em mundos fechados e se limitam apenas a se comunicar com outros cientistas de especialidades diferentes.

Há alguns anos, o crescente interesse do público geral por conhecer fatos científicos aumentou, em consonância com a maior difusão nos meios de comunicação de determinados eventos, como o choque dos planetas ou a manipulação genética (Calsamiglia, 1996). Os cidadãos começaram a sentir necessidade de ter uma opinião e, portanto, participar da tomada de decisões. A divulgação da ciência também chegou aos livros para crianças.

Divulgar, segundo o Dicionário Houaiss[13] é "tornar pública (alguma coisa desconhecida por outrem); propagar, publicar", e, ainda que seja uma tarefa complexa, porque depende do uso de recursos linguísticos, os livros para crianças conseguiram conectar fatos muitas vezes surpreendentes com a realidade cotidiana, ajudando as crianças a entender a complexidade do mundo e de sua participação nele.

Como ressalta Calsamiglia (1996), a divulgação científica se distingue do ensino em vários pontos:

> Os mediadores são jornalistas ou os próprios cientistas.
> O público é genérico.
> O espaço e o tempo da comunicação é diferenciado e não compartilhado entre o emissor e o receptor.
> O acesso é livre.

Calsamiglia também aponta que quando o divulgador utiliza recursos para facilitar a compreensão do texto, este

---

13 Grande Dicionário Houaiss da Língua Portuguesa, Editora Objetiva.

"se transforma em uma espécie de território aberto e heterogêneo, com possibilidade de associar seu conteúdo a temas da vida em geral e de combinar-se com imagens, fotografias, desenhos, infográficos, ilustrações ou quadros. A função comunicativa do texto não é somente referencial, mas se abre a outras funções, como a metalinguística, a expressiva, a conotativa e, especialmente a poética, pois recorrendo a recursos expressivos, como a comparação, a metáfora e a metonímia materializa-se aquela velha maneira de compreender o que é distante e abstrato com o que é próximo e conhecido".

Não é raro que muitos desses livros tenham a capacidade de despertar sentimentos, assim como a ficção. Quando, no fim dos anos 1980, os livros sobre Ecologia ficaram em evidência, muitas crianças começaram a considerar a relação entre dados, valores, receios e projetos para o futuro. A informação desenvolveu uma espécie de sensibilidade para os problemas gerais e os divulgadores souberam mostrar as preocupações do momento.

Se tivéssemos de formular uma definição sobre a arte de divulgar, recorreríamos a do ilustrador e autor de livros informativos para crianças, Piero Angela:

> "a divulgação é a arte de informar enquanto se mantém a atenção cativa ou — em outras palavras — a arte de interessar enquanto se informa" (Paladini e Pasinetti, 1999).

Como reconhecer os níveis de leitura

> A TIPOGRAFIA

A tipografia é um dos recursos gráficos mais utilizados para discriminar os níveis de leitura. Segundo o tipógrafo Stanley Morison (1996):

> *"pode-se definir a tipografia como a arte de dispor corretamente o material a ser publicado de acordo com um propósito específico: a disposição das letras, a divisão do espaço e a organização dos tipos devem ajudar ao máximo o leitor na compreensão do texto".*

Nos livros em que a informação é transmitida de forma narrativa encontraremos um título associado ao conteúdo do capítulo, e um texto corrido com a exposição do tema. Neste caso, será fácil reconhecer o nível segundo o tema abordado, a linguagem empregada e o nível técnico.

Nos livros não narrativos, a tipografia, com frequência, separa os blocos de textos por meio de diferentes tamanhos de letras. A seguir, temos um bom exemplo de abertura de capítulo. Título em maiúscula, um primeiro parágrafo logo abaixo, que resume o assunto, acompanhado por blocos de texto e legendas que explicam as ilustrações presentes na página. O leitor pode escolher o que prefere ler ou em que ordem gostaria de prosseguir: se pelas imagens ou pelo texto. Pode ser que olhe primeiro as imagens, leia em seguida o texto principal e se detenha, depois, na descrição da iconografia. Essa costuma ser a fórmula habitual utilizada por leitores de narrativas: de cima para baixo, da esquerda para a direita e prossegue a leitura nessa ordem.

Em muitos livros informativos, o primeiro parágrafo costuma ter uma função explicativa: serve para esclarecer ao leitor do que o texto irá tratar. Geralmente simples, apresenta um resumo do que aparecerá na dupla de páginas ou no capítulo (Imagem 1*).

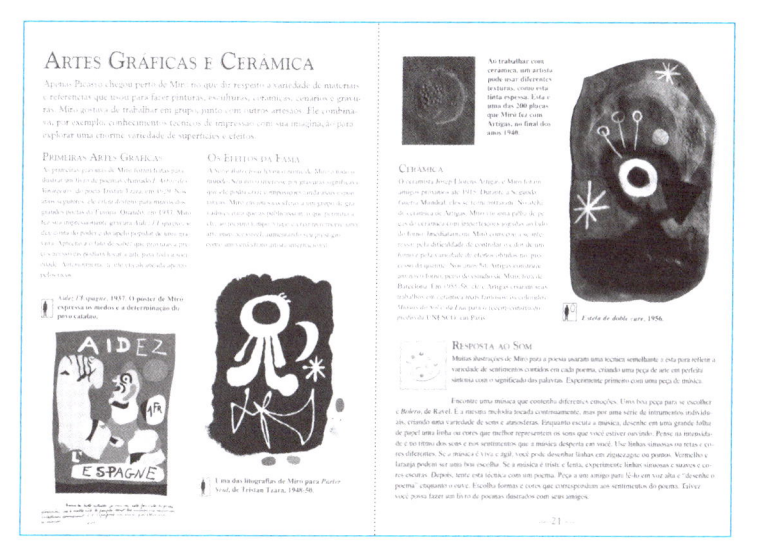

Imagem 1.

Na próxima página, poderemos observar outro modelo em que o parágrafo introdutório, localizado acima do título, indica o assunto principal do texto. Os demais blocos de textos presentes na dupla de páginas oferecem outras informações/curiosidades sobre o tema. Há também pequenos textos diferenciados, em diferente corpo de letra, que tecem breves comentários sobre as ilustrações (Imagem 2).

* Os créditos das imagens encontram-se relacionados após a Bibliografia, no final do livro.

Imagem 2.

No próximo exemplo (Imagem 3), o projeto gráfico optou por uma tipografia maior para apresentar o título/tema, um bloco logo abaixo do título para a informação principal, três blocos de textos com molduras — que trazem outras informacões sobre o tema pescaria — e, na parte inferior direita, dois outros tipos de quadros com dados sobre peixes. As ilustrações reproduzem o desenho infantil e são mais decorativas que informativas, já a fotografia traz uma informação sobre o modo de pescar da região. O leitor pode ler o título e "pular" para qualquer um dos textos que será lido como um parágrafo fechado e independente, cujo conteúdo se relaciona tematicamente com o título.

Na segunda imagem da página ao lado (Imagem 4), do mesmo livro, a fotografia do centro da página dirige o olhar do leitor para o tema comum: tipos de frutas, e os pequenos quadros apresentam informações sobre cada uma delas.

O projeto gráfico não impõe uma hierarquia de leitura nem uma ordem preestabelecida. O leitor escolhe se começa no sentido horário, anti-horário ou outro.

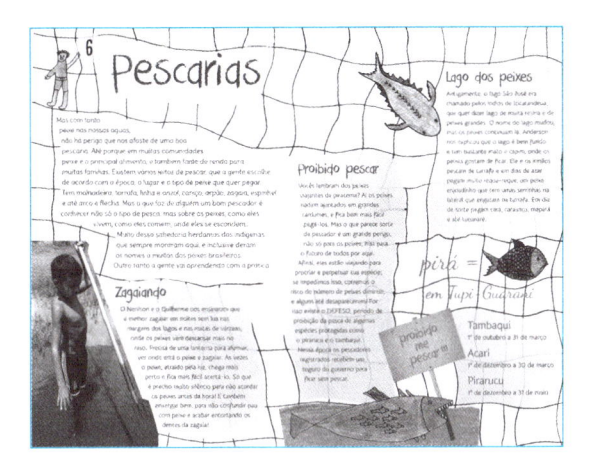

Imagem 3.

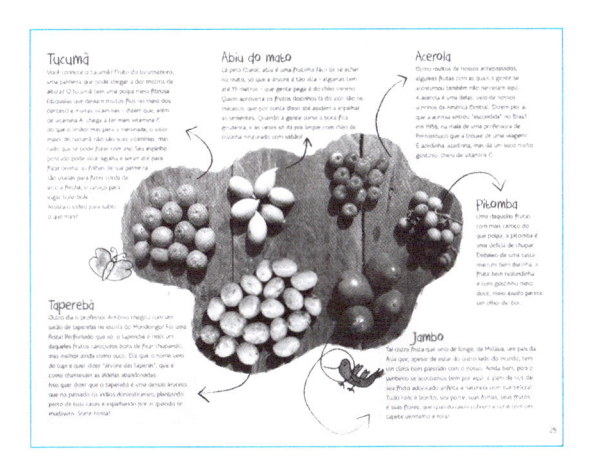

Imagem 4.

Os tipógrafos atuais sempre se questionam sobre a legibilidade das letras com as quais trabalham. O delicado equilíbrio entre a estética e a utilidade não os impede de analisar todas as variáveis. Victor Gaultney (2008) expõe algumas delas. A mais interessante é que a legibilidade de um texto não depende só da tipografia usada, mas, sobretudo, da diagramação escolhida para a composição. Isto é, a largura das colunas, o tamanho do tipo de letra, o espaçamento, tudo tem importância quando o resultado que se deseja alcançar é a legibilidade. Nos livros informativos para crianças, por exemplo, observa-se o uso do contraste. Em muitas ocasiões, um texto aparece sobre fundos de cores que chegam até o preto e que, às vezes, está aplicado no meio de uma foto de uma árvore frondosa. Não atentar para essa ocorrência pode prejudicar a legibilidade, pois um contraste forte poderá provocar uma apresentação tipográfica incoerente e de difícil reconhecimento. A grande variedade de tipografias encontrada nos livros informativos nos alerta para supostas dificuldades dos leitores para familiarizarem-se com esses novos modos de ler.

› PERGUNTAS

Nos textos informativos para crianças, as perguntas têm uma importante função. Em muitos casos, são uma pausa no rio de informações, que os obriga a deter-se para refletir sobre o que estão lendo. Em outros casos, pretende-se que o leitor mergulhe em seu próprio conhecimento para responder e, dessa forma, refutar ou ampliar seus conhecimentos prévios. Com as perguntas, indica-se que o importante não é saber por que "sim", mas saber utilizar o que já sabe para entrar em contato com a nova informação. Em muitas situações, as perguntas situam o leitor em seu tempo real. É o que se pode chamar de uma relação dialética entre a informação e a realidade. A forma de pensamento dialético enriquece o modo de raciocinar das crianças, porque é o instrumento que resolve melhor a conexão entre suas atividades individuais e aquilo que se obtém com elas, entre sua vida particular e a vida da sociedade em geral, entre os projetos cotidianos e as grandes ideias que aceitam (Zeleman, 1994).

Este é um recurso muito utilizado pelas Ciências Sociais e pela Filosofia. Muitos livros para crianças abordam o saber a partir da fórmula pergunta/resposta. Em muitos casos, é possível apresentar temas com muitas variáveis, como acontece com frequência nas áreas de Ciências Sociais, Filosofia, em temas religiosos e na Política. Nos últimos tempos, foram lançados muitos livros de Ciências que exploram uma pergunta atrás da outra, em grande parte sem conexão entre elas, como se se tratasse de uma compilação de questões levantadas, por exemplo, em um programa de rádio ou em uma coluna semanal.

No livro *Mamãe nunca me contou* (Editora Ática), de Babette Cole, um menino pergunta sobre as muitas coisas que vê ao seu redor, desde simples questionamentos como "Por que o rato Pérez[14] se parece com meu dentista"?, a outros mais sérios como "Por que papai e mamãe se trancam no quarto?", ou a alguns relativos a sentimentos "Como você pode odiar e gostar de alguém ao mesmo tempo?". As ilustrações oferecem um tipo de resposta que abre uma porta ao diálogo.

Se na quarta capa de um livro se pergunta "Quantos tipos de comida você conhece?", já estará convidando os leitores

---

14 "Rato Perez" equivale à "fadinha do dente", que recolhe os dentes de leite das crianças quando eles caem.

a refletirem sobre seus conhecimentos prévios. No livro da editora argentina Iamiqué, um dos capítulos é aberto com esta questão: "Por que é tão difícil para os leões enxergar as zebras?". Trata-se de uma pergunta lúdica que surpreende o leitor: os leões não podem ver todas as cores. Isto já oferece alguma informação, mas convida o leitor a prosseguir porque a questão já foi formulada a partir de uma curiosidade.

Exemplos em livros mais técnicos mostram como esse recurso pode ser utilizado. Como acontece no excelente *É alucinante!* (Editora Serres), que se propõe a explicar o nascimento de uma criança. Dois animais conversam na sequência de um parágrafo que apresenta farta informação científica. Um deles comenta, de maneira ingênua, referindo-se ao texto "Agora já sabemos o que o feto bebe, mas o que ele come?", o outro responde a partir da perspectiva de uma criança: "Salsicha, sorvete, ovos fritos?" Não sei!". Perguntas como essas ativam os conhecimentos prévios das crianças, convidando-as a pensar com suas próprias ideias sobre a alimentação do feto. Vemos, ainda, que o texto formal é breve e não inclui desenhos, enquanto os dois personagens são informais e até divertidos, opinando e interrompendo o discurso formal tal e qual faria uma criança. Seus autores parecem conhecer muito bem seu público-alvo. Conhecem suas perguntas e se apropriam delas para ampliar seus significados. Isto é o que chamamos de ajudar o leitor na construção de seu próprio conhecimento.

Na próxima página, encontraremos um outro modelo em que determinado conteúdo é apresentado por meio de um texto formal e de imagens técnicas, mas avivado por perguntas ou comentários realizados por um personagem ficcional que dialoga com o leitor sobre o tema (Imagem 5).

Imagem 5.

Outro caso em que se busca a cumplicidade e participação do leitor é o livro *O mundo mágico de Harry Potter — Mitos, lendas e histórias fascinantes* (Editora Sextante). Publicado durante o *boom* de livros *Harry Potter*, poderíamos pensar, com base no título, que se trata de mais uma obra oportunista. Contudo, quando lemos alguns de seus capítulos, observamos que o livro trata de assuntos ligados à antropologia e à mitologia — temas pouco explorados nos livros para crianças — que fisga o interesse de seus leitores abrindo cada capítulo com perguntas como estas: "Do que as aranhas têm medo?", "As bruxas sempre voaram em vassouras?" ou "Por que os ogros cheiram tão mal?".

Ao contrário do que acontece na escola onde se avalia, sobretudo, a resposta rápida e correta, nos livros informativos as perguntas são dúvidas nem sempre solucionadas cujas respostas às vezes também estão cheias de possibilidades.

Avalia-se a maneira de chegar à resposta e como ambas, perguntas e respostas, conectam-se com a experiência. O cientista Heisenberg escreveu:

> *"não deveríamos esquecer de que o que observamos não é a natureza em si, mas a natureza, determinada pela índole de nossas perguntas"* (apud Marina, 1994).

› PRECISÃO, EXATIDÃO, CLAREZA, RIGOR

A linguagem tem muitas funções: comunicativa, expressiva, referencial, poética... mas tem, também, a função de análise. A riqueza lexical não é um detalhe cultural, mas uma ferramenta de análise da realidade. É fruto de anos de evolução dos falantes.

Esta, talvez, seja uma das questões mais complexas a se observar. Grupos de bibliotecários são constantemente assessorados por pesquisadores em análise e avaliação de textos. O comitê de leitura do "Fundalectura", na Colômbia, é um exemplo de trabalho colaborativo com especialistas: as discussões revelam questões raramente evidentes com base em uma simples leitura.

Como aponta o pesquisador Guérin (1993):

> *"Em relação à divulgação, é essencial a exatidão científica. Não dizer nada falso é muito importante, sobretudo quando nos dirigimos a crianças muito pequenas".*

Talvez possamos detectar algum erro de fácil comprovação: uma data de nascimento, uma definição não muito precisa, mas conseguimos reconhecer uma foto cortada ou graficamente incorreta? O que significa exatamente clareza? Integrar conhecimentos puramente enciclopédicos ou se abrir a sua complexidade, fornecer chaves para penetrar em seus mistérios? (Mourey, 2000)

Podemos lançar mão de algumas perguntas que permitem dar credibilidade ao que nos é contado levando em consideração, por exemplo, os tipos de materiais com os quais o livro trabalha:

> Fontes primárias, como cartas, canções, testemunhos orais, jornais da época, artigos em periódicos?
> Fontes secundárias, como livros e documentos por meio dos quais é possível alcançar a informação?
> O material contém referências ou se deixa "ver" ao longo do texto?

O livro *Animais gigantes da África*[15], da editora espanhola Destino, trata de grandes animais e consegue acentuar essa sensação com figuras articuladas em três dimensões. Por sua vez, o narrador empregou um recurso que muitos pesquisadores usam durante suas observações: o diário de um especialista que percorre a África tomando nota de tudo o que vê e sabe.

Um exemplo de como fontes diferentes podem ser usadas para articular a informação é o livro do autor Peter Sís, *O mensageiro das estrelas — Galileu Galilei* (Editora Ática). O livro apresenta um diário mostrando a metodologia científica que existia nas pesquisas de Galileu Galilei e, para isso, reconstrói o mundo como era na época do cientista. Além disso, utiliza a tipografia para diferenciar os documentos. A letra em itálico apresenta o próprio diário de Galileu, já o outro tipo de letra diferencia o texto mais narrativo, propiciando dois níveis de leitura.

15 Sem publicação no Brasil.

Quem preferir o narrativo poderá fazer uma leitura sem interferências.

Também podemos nos concentrar no estilo do texto: ele contribui ou dificulta a compreensão? É importante observar se o estilo é mais poético que científico. Por exemplo, se a linguagem é hiperbólica, com muitos adjetivos (maravilhoso, assombroso, incrível), trata-se de uma prosa bucólica. O estilo "adjetivado" é muito útil para criar ambientação, mas, ao contrário de dar apenas informação, costuma distrair a atenção do leitor.

Os textos científicos "puros" têm como característica a ausência (ou melhor, a proibição) de narração, mas cada vez menos se encontram livros com textos em que os autores não estão implicados. Transmitir paixão por um tema é a melhor maneira de divulgá-lo. Em textos de divulgação, a narração tem estado cada vez mais presente, assim como o uso da primeira pessoa, a emoção, a dúvida e um vocabulário mais acessível. Um astrônomo não deve falar apenas das glórias da criação, mas também explicar as leis que organizam os astros. As crianças irão gostar se, com a informação, ele também explique a emoção vivida ao investigar e conhecer essa engrenagem. Por outro lado, isso não deve levar a descrições desnecessárias, por exemplo, descrever um pôr do sol, quando o objetivo é o de informar sobre a vida de animais selvagens.

Quando bem aplicados, esses recursos podem ajudar as crianças a distinguir detalhes e a aguçar a percepção sobre as coisas: como saber diferenciar um jardim de uma horta. Quando conhecemos bem alguma coisa, toda nossa visão do mundo se amplia.

> AS ANALOGIAS, METÁFORAS, COMPARAÇÕES, SÍNTESES

Em geral, o uso de metáforas e outros recursos de estilo costumam estar relacionados quase que exclusivamente à literatura, porém, os melhores autores de textos informativos também recorrem a eles em suas explicações. Na vida cotidiana, esses recursos também aparecem quando dizemos *ao pé da montanha* ou *as pernas de uma mesa*. A metáfora estabelece semelhanças entre o que se quer explicar e o que se supõe que os leitores conheçam.

Todos esses recursos linguísticos funcionam muito bem quando são visualmente possíveis. Inclusive costumam ser mais bem compreendidos do que quando simplesmente descritos, ainda que raros de encontrar. As analogias e comparações são exemplos deduzidos de outros âmbitos da experiência mais familiares para as crianças. Uma boa demonstração pode ser encontrada em um livro que diz "O coração de uma baleia é grande como um carro". Esta comparação é clara, direta e utiliza referências que os leitores poderão imaginar. Por meio de recursos expressivos, como a comparação e a metáfora, é possível tornar concreto e familiar o que parece distante e abstrato.

Outro bom exemplo encontra-se no livro *O maestro convida para um concerto*[16] (Editora Siruela), escrito pelo pianista e diretor de orquestra Leonard Bernstein, com base em seus concertos para jovens transmitidos pela televisão. O maestro utiliza, ao longo de agradáveis explicações, exemplos capazes de concretizar ideias bem abstratas, como:

16 Editora espanhola, sem publicação no Brasil.

"o lídio[17] tem um som peculiar, tão fresco e ácido como o sabor do sumo do limão", ou quando explica: "o significado original de um 'concerto' é a ideia de coisas que acontecem ao mesmo tempo: um time de futebol joga em um concerto".

Em outras passagens, Bernstein não recorre a referências cotidianas. No primeiro capítulo ele explica que a "ideia" deve ser separada do tema de uma música, e que a música precisa ser avaliada por si mesma:

"pode acontecer também que uma história se associe a uma obra musical. Desse modo, proporcionará um significado extra à música; mas apenas um extra, assim como a mostarda do seu cachorro-quente, visto que a mostarda não faz parte do cachorro-quente".

O físico Albert Einstein, que respondia com frequência às cartas de crianças, usava analogias para explicar conceitos que talvez fossem impossíveis de serem compreendidos de outra maneira. Em uma de suas cartas, explica:

"O telégrafo com fio é uma espécie de gato muito, muito comprido. Se dermos um puxão na cauda desse animal em Nova York, o miado será ouvido em Los Angeles. Entendeu? Um rádio opera exatamente da mesma maneira: você manda os sinais daqui, e eles os recebem lá de longe. A única diferença que existe é que, neste caso, não há um gato" (apud Massarani, 1999).

---

17 Modo lídio, ou escala harmônica, é uma forma de organização melódica dos sons.

Os leitores sempre querem saber mais, e para isso não precisam ser especialistas. O que eles pedem são curiosidades, explicações claras, motivação e incentivo para ir além.

Abaixo temos um exemplo de ilustração que usa a comparação para explicar diferentes tipos de narinas (Imagem 6).

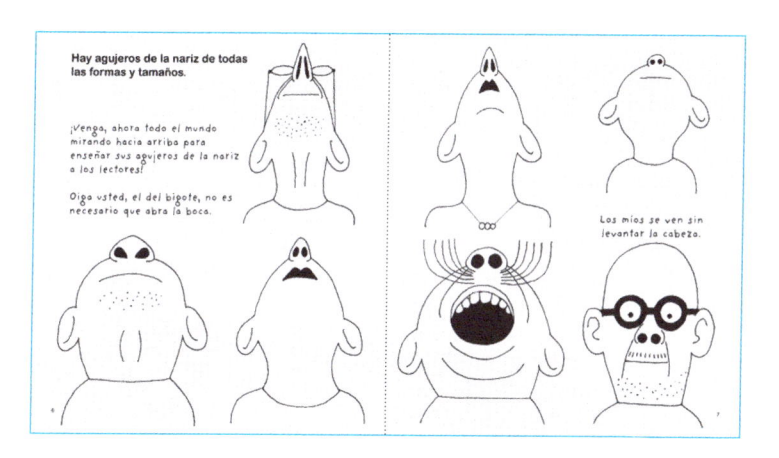

Imagem 6.

Existem livros que se baseiam unicamente na comparação. O livro *O que você vê? Olhando através dos olhos dos animais*[18] (Editora Juventud) convida os leitores a pensar no modo com que os animais veem as coisas: o camaleão e o gato enxergam da mesma maneira? O livro *Dentes para mastigar*[19] (Editora Altea) compara dentes humanos aos de animais, especificando tamanhos e usos de cada um, por meio de desenhos realistas.

18 Editora espanhola, sem publicação no Brasil.
19 Editora espanhola, sem publicação no Brasil.

Veremos a seguir outra imagem de como a comparação pode ser utilizada para mostrar influências nas obras de arte. Em um livro que trata da cultura africana, encontramos exemplos que demonstram como as máscaras desse continente influenciaram a obra de vários artistas, entre eles, do espanhol Pablo Picasso — página da direita (Imagem 7).

Imagem 7.

Em uma entrevista, o Prêmio Nobel de Física Richard P. Feynman conta como seu pai costumava ler para ele, quando pequeno, a *Enciclopédia Britânica*. Se estavam lendo sobre os brontossauros e o pai lia que eles mediam 7,5 m, e a cabeça media 1,8 m, então, interrompia a leitura e dizia:

> "Paremos para pensar o que isto significa exatamente. Significa que se este animal se colocasse de pé diante da nossa casa, seria suficientemente alto para colocar sua cabeça na altura de nossas janelas, mas sua cabeça não conseguiria entrar, porque seria muito grande para ultrapassá-la" (Feynman, 1986).

Como o próprio Feynman comentará muitos anos depois, essa maneira de "ler" a informação o ajudou muito a imaginar, quando criança, a realidade que o cercava.

"Tudo o que líamos traduzíamos da melhor maneira possível para alguma referência da realidade, de tal modo que pudéssemos aprender alguma coisa sobre aquilo que estávamos lendo. Sempre que eu lia algo, procurava imaginar o que de fato aquilo significava."

Feynman se lembra do prazer e da excitação de aprender quando o abstrato se tornava acessível. Os livros informativos satisfazem, quase sempre, a curiosidade das crianças sobre temas, como o mundo, as pessoas, os animais, os acontecimentos etc. Mas o conhecimento não se restringe a saber sobre os fatos, e sim compreender o que eles significam.

› **EXPERIMENTOS**

O livro sugere a realização de experimentos? Eles podem ser realizados? É possível estabelecer a relação do experimento com o conceito que se pretende definir ou são simplesmente passatempos?

Fazer experimentos é uma das atividades mais prazerosas, criativas e inesquecíveis que as crianças podem viver em sua infância. Foi assim que pesquisadores e cientistas se referiram a elas ao escreverem suas memórias. O livro autobiográfico do neurocirurgião Oliver Sacks, *Tio Tungstênio — memórias de uma infância química* (Companhia das Letras), é uma homenagem à influência que a experimentação provocou em sua personalidade. Filho de médicos judeus, aos 6 anos precisou fugir para o campo quando explodiu a Segunda Guerra Mundial e, ao retornar, descreve com detalhes a influência da Química e da experimentação para a reconstituição da ordem perdida. Tio Tungstênio, dono de uma fábrica de bombas elétricas, e seus pais encorajaram e permitiram — como em quase todas as casas vitorianas da época — que ele tivesse seu próprio laboratório de onde poderia explorar o mundo. Muitos desses experimentos acabavam por ser, ao mesmo tempo, apaixonantes e perigosos por conta da manipulação de substâncias explosivas ou contaminantes. Nesse livro, o autor cita um outro cientista, Linus Pauling, que escreveu:

> *"Pense em como tudo é diferente atualmente. Um jovem se interessa por Química e ganha um brinquedo de química. Mas este não traz cianureto de potássio nem sulfato de cobre nem nada que seja interessante, pois todos os produtos interessantes são considerados substâncias perigosas. Portanto, esse jovem químico, na verdade, não terá a menor oportunidade de fazer nada apaixonante com seu brinquedo"* (Sacks, 2001).

É claro que nos dias atuais é muito difícil alguém ter um laboratório anexo a sua casa, como Oliver Sacks, de onde fazia suas experimentações ou se acidentava. Mas o ensino de Química atual, tal como apresenta Massarani (1999), tem sido uma "disciplina chata, na qual se pressupõe que o aluno decore uma série de nomes sem significado e sem aplicação para sua vida". Por isso, a revista *Ciência Hoje das Crianças*, coordenada por Massarani entre 1994 e 1999, propunha experimentar por meio da "química da maionese"[20] a transmissão de conceitos de química, biologia e física. Segundo ela, os artigos mais apreciados por seus leitores infantis eram os que traziam atividades ou experimentos.

A ciência não se baseia unicamente em fatos e teorias, mas em procedimentos que permitem chegar aos fatos. Esses procedimentos — que qualquer cientista normalmente usa — obedecem a uma rotina que consiste em observar, medir, classificar e formular hipóteses. Dessa forma, os experimentos propostos deverão ser orientados a fim de habituar os leitores a essas práticas.

Um autor que se preocupa com isso em seus livros é David Suzuki[21]; para ele, a experimentação está muito ligada à observação e à pesquisa de campo. Suas propostas vão desde experimentos com animais até os que se relacionam aos fenômenos atmosféricos.

Se os experimentos não apresentam uma relação direta com o tema — ou não estão acompanhados de uma explicação científica — ficarão relegados a uma simples atividade manual, talvez até interessante, mas que se esgota em si mesma.

Um exemplo de boa introdução às práticas experimentais e de observação é o livro *A natureza explicada às crianças em poucas palavras*[22] (Editora Paidós), em que são propostas mais de cem atividades simples de exploração da natureza de acordo com as estações do ano. Os livros que estimulam

---

20 A maionese é um fenômeno químico resultante de um procedimento que mistura duas substâncias quimicamente incompatíveis: água e óleo.
21 David Suzuki, cientista e ambientalista canadense nascido em 1936.
22 Editora espanhola, sem publicação no Brasil.

as crianças à observação direta da natureza, permitindo que elas tirem suas próprias conclusões, são livros duplamente valiosos, pois mostram um mundo que nunca termina: ao fecharmos suas páginas, ampliamos e aprofundamos nosso olhar. Konrad Lorenz[23] relata em um de seus livros a importância da experiência direta com a natureza:

> *"aos 9 anos de idade, pesquei com uma rede as primeiras dáfnias para meus peixes, e com isso descobri as maravilhas do pequeno mundo das lagoas de água doce, que imediatamente me seduziu e me encantou. A rede deu lugar à lupa e depois a um modesto microscópio, que selou irremediavelmente meu destino"* (Lorenz, 1999).

Dos detalhes pouco científicos: a teleologia e o antropomorfismo

Vamos nos deter nestes dois conceitos, de nomes difíceis, para comentar brevemente dois aspectos que, há alguns anos, eram frequentes nos livros informativos para crianças.

A teleologia é a explicação dos termos científicos em função de sua finalidade. Por exemplo: "Os humanos têm ouvidos para ouvir" ou "O sol serve para dar luz e calor". São empregadas com frequência por se tratar de uma maneira rápida e simples para se explicar algo. No entanto, é pouco científico para esclarecer conceitos que necessitariam de outros tipos de explicações.

Proveniente da filosofia natural, ela explica a finalidade das coisas, a diferença da parte que se ocupa das causas.

---

[23] Konrad Lorenz, nascido em 1903, foi um zoólogo, etólogo e ornitólogo austríaco ganhador do Prêmio Nobel de Fisiologia ou Medicina em 1973 por seus estudos sobre o comportamento animal, a etologia.

Teleologismo é sinônimo de "direção a um fim", "propósito" ou "função". Enquanto algumas coisas estão determinadas por suas causas, outras estariam determinadas por suas finalidades. Normalmente, se apresenta mediante a pergunta "Para quê?" e, de alguma maneira, envolve uma hierarquia das formas ao estabelecer categorias superiores e inferiores ou, em outras palavras, algumas categorias estão a serviço de outras.

Se nos perguntamos o motivo pelo qual algumas plantas têm espinhos ou por que alguns animais possuem garras etc., as respostas não nos oferecem um método científico que explique o processo em si que os faz ter garras: simplesmente se dá uma justificativa para esses componentes, por exemplo, para se defender ou agarrar suas presas. Esta é, contudo, uma pergunta muito frequente entre as crianças que concebem o mundo em função das categorias de uso. Uma explicação teleológica oferece respostas simples a situações complexas. A melhor alternativa para as explicações teleológicas seria apresentar diferentes teorias para levar os leitores a encontrar novas áreas para suas observações pessoais.

O antropomorfismo consiste em outorgar qualidades humanas a seres não humanos. Ou seja, os animais se comportam e falam como humanos, mostrando sentimentos e estabelecendo uma relação com o mundo mais próximo do infantil que dos adultos. Os autores procuram provocar a empatia dos leitores, mostrando aspectos humanos em seres que não os são. Ao outorgar-lhes intenções, emoções e relações, apresentam o mundo animal de uma forma inadequada, comum ao antropomorfismo. Diferentemente das narrativas em que os animais agem como seres humanos, nos livros informativos essa forma de apresentação é totalmente avessa a qualquer ideia científica. A seguir, elencamos algumas razões:

> Limita o ponto de vista: as crianças menores acreditam que tudo funciona como elas próprias.
> Fomenta a falsa ciência. O animismo é uma etapa pela qual todas as crianças passam e que consiste em atribuir características animadas a coisas que não têm vida (pedras, objetos), transferindo a eles sentimentos ou maneiras de reagir (fúria, ciúmes, amor) próprias dos humanos.
> Provoca uma dificuldade crescente para o leitor no momento de reconhecer o que é certo e o que não é. Ao acreditar que os animais falam (e os livros os mostram assim), então, pode-se ou não acreditar no restante das informações.
> Atenua os comportamentos dos animais, nos quais não falta, por exemplo, a violência.

Nos anos 1960, havia 85% de livros antropomorfistas, número que diminuiu para 25% nos anos 1990, quando frequentemente predominava nos livros para bebês. Atualmente, é mais difícil encontrar esse tipo de livro, muito embora para os menores ainda seja utilizado como recurso para gerar uma fácil identificação. O antropomorfismo não aparece somente no mundo animal. Livros sobre computadores, por exemplo, atribuem com frequência qualidades humanas às máquinas. Frases como "Uma máquina pode memorizar uma enciclopédia" cruza a linha entre a metáfora e a personificação (Carter e Abrahamson, 1990).

Vimos, por exemplo, em *O que é sexo?* como dois animais — uma abelha e um pássaro — participam de um texto científico.

Neste caso, é um recurso ficcional em forma de HQ que funciona como metáfora do pensamento infantil.

Neste outro modelo, a HQ também participa do texto informativo, mas, no lugar de animais, recorre ao animismo utilizando um grão de café no papel de "pesquisador" que dialoga informalmente com o leitor trazendo questões e dados sobre os temas trabalhados nos capítulos do livro (Imagem 8).

Imagem 8.

7. A imagem: como se representa o saber

Atualmente, é quase impossível conceber um livro informativo sem imagens. Salvo em textos como biografias ou temas mais abstratos, como matemática, religião ou filosofia, a maioria inclui um bom repertório de elementos gráficos: fotos, tabelas, gráficos, desenhos, mapas, reproduções antigas etc. Um livro precisa convidar esteticamente à leitura. Assim, cabe fazer a conhecida pergunta: é verdade que uma imagem vale mais que mil palavras? Nos casos dos livros informativos, esta frase foi levada às últimas consequências. E ainda mais: há casos em que a quantidade de imagens é tão abundante e impactante, que se torna quase impossível de serem apreciadas, entendendo esse olhar como uma leitura crítica e compreensível, e não como uma simples "passada de olhos".

Houve uma coleção inovadora que baseava sua informação na imagem e tinha como *slogan* a seguinte frase: "Jamais foram vistas tantas coisas entre a primeira e a última página de um livro". Vale ressaltar, porém, que nem sempre uma imagem é capaz de tornar uma ideia mais clara. Vejamos: Como representar a febre, o gosto ou o ciúme?

Há quem diga que uma imagem sozinha não significa nada (Vilches[24], 1992): apenas à medida que as pessoas se

---

[24] Lorenzo Vilches é professor universitário e escritor. Tem vários livros publicados nas áreas de imagem, comunicação e televisão.

perguntarem por seu significado, a imagem ganhará um sentido. Roger Munier[25] (1989), em um texto clássico sobre essa profusão de imagens, disse:

> *"esta civilização está sob o signo da imagem. Em todas as partes, nas revistas, no cinema, na televisão, a imagem se difunde, substituindo o texto escrito por uma expressão global com considerável poder de sugestão. Terá passado a idade do verbo e estaremos em pleno despertar de uma nova cultura em que a imagem, substituindo pouco a pouco o discurso, acabará por tomar seu lugar?"*

Uma imagem também precisa ser vista e interpretada: diante dela, existe alguém que a observa e, respaldado por sua experiência, lhe atribui significado. O modo como serão recebidas será tão variado como são os leitores. Assim, a seleção de imagens de um livro revelará a intenção de quem o fez. O historiador de Arte Ernst Gombrich[26] (2000) afirma que, ainda que a imagem tenha uma capacidade "ativadora", seu uso com fins expressivos é problemático, pois "geralmente prejudica a possibilidade de se colocar à altura da função enunciativa da linguagem". Daí que "o apoio mútuo da linguagem e da imagem facilita a memorização. O uso dos dois canais independentes, digamos assim, garante a facilidade na reconstrução".

Diante de uma imagem, podemos nos perguntar: Foram escolhidas especialmente para este livro ou vieram de um

---

25 Roger Munier nasceu em 1923 em Nancy, na França. Foi um escritor, tradutor e crítico francês.
26 Ernst Gombrich nasceu em Viena em 1909. Foi um dos mais célebres historiadores de Arte do século XX, especialmente por seus estudos sobre o Renascimento.

banco de fotos? Para muitas editoras é difícil variar a iconografia em seus livros. Às vezes, um livro de produção local pode parecer pobre em termos de imagens se comparado aos produzidos, por exemplo, em coedições internacionais. Não devemos tirar conclusões apressadas. Em certos momentos, essas imagens cumprem muito bem sua função.

O responsável pelos livros informativos da editora francesa Casterman resume muito bem esse problema:

"Todo livro tem seu orçamento, e nele, a concepção e as imagens ficam com a maior fatia: pagamentos de direitos autorais ao ilustrador; valor combinado com o cartógrafo; direitos de reprodução para o fotógrafo ou para a agência que detém os direitos de determinada imagem; reserva de pequena quantia como suplemento de adiantamentos para este ou aquele artista. Tudo isso sem contar os gastos de digitalização, escâner, tratamento de imagem, de fotografia... Ou seja, é necessário economizar e racionalizar. Em vez de solicitar ao ilustrador uma cena enorme e detalhada da batalha de Austerlitz, que custará uma semana de trabalho, reproduziremos o quadro de Orase Vernet[27] cujos direitos são de domínio público (o ilustrador sorri contente, nesse momento); e no lugar da esplêndida formiga vermelha que está prestes a nos atacar, mas cuja ampliação — macrofotografia — em papel, nos obriga à duplicação dos direitos (como as fotos aéreas ou submarinas), propomos uma grande ilustração realista (agora o ilustrador treme); e o pior fica com a gravura de época, cuja negociação com a Biblioteca Nacional é muito difícil, ou muito cara para ser solicitada a um museu americano" (Coblence, 1997).

---

[27] Émile Jean-Horace Vernet foi um pintor francês nascido em 1789, renomado por seus panoramas de batalhas.

A realidade nesta dinâmica de trabalho pode ser observada pela escassez de verdadeiros artistas criativos e criadores, e que, por outro lado, pode ser positivo, pois indica que as possibilidades deste gênero ainda não se esgotaram. Coblence também observa que muitas ilustrações são escolhidas para não interferir, para que sejam tão neutras quanto possível. Em muitos livros de Arte, as imagens estão tão dissociadas de seu criador que a pintura parece mais importante que o artista. Notamos também, ao analisarmos livros com imagens da natureza, que estas apresentam quase sempre características bucólicas, idílicas, tranquilas, nunca dramáticas. O mesmo ocorre nas cenas sobre povos e cidades: detalhes descritivos, enumeração de atividades puramente didáticas. Trata-se da intenção do ilustrador ou de uma restrição imposta pelas editoras? Essa preferência tão ocidental pelo enciclopédico e acumulativo está, muitas vezes, dissociada das reivindicações sociais.

Algumas perguntas que favorecem nosso olhar para as imagens (e sua relação com o texto) antes de uma análise mais apurada:

› As particularidades do tema foram levadas em conta na seleção das imagens? (Um livro de Ciências Naturais, por exemplo, requisita imagens diferentes de um livro de Eletrônica, Arte ou sobre o Corpo humano).
› Que espaço essas imagens ocupam na totalidade do livro? Esse espaço equivale à importância dada ao tema?
› As imagens informam, decoram, divertem?
› Podem ser lidas sem apoio do texto? Ampliam a informação textual?

> A disposição da página favorece a imagem em detrimento do texto?
> As imagens são de que tipo? Hiperrealistas? Digitais? Engraçadas?
> As imagens apoiam e esclarecem o texto?
> Podem existir por si mesmas sem necessidade de que haja texto, como uma árvore genealógica?
> Há relação entre o estilo da ilustração e o tema tratado?
> As imagens apresentam legendas? Estas repetem informações do texto ou trazem nova informação? As legendas se remetem ao texto? Destacam o texto principal, além de promover a relação entre texto e imagem?

Se o texto que acompanha a foto não se relacionar em nada com o texto principal, então talvez seja preferível que o leitor se concentre em uma parte da mensagem, sem ficar tropeçando na página.

Funções das imagens

O pesquisador espanhol Rodriguez Diéguez (1977) dedicou-se à análise da imagem como recurso didático e, nos anos 1970, publicou um estudo sobre as funções das imagens e de seu poder comunicativo. Concluiu que há sete funções que ainda podem ser observadas atualmente nos livros:

> MOTIVADORA

Acompanha o texto, mas não interage com ele. Por exemplo, quando em um capítulo dedicado aos peixes de água doce aparece uma truta em seu ambiente natural.

> VICARIAL

A imagem substitui os conteúdos verbais porque são grandes e difíceis de detalhar. Muito usada em livros de Arte, por exemplo, em vez de descrever uma igreja barroca, apresenta uma foto em que todos detalhes podem ser apreciados. Também usada na construção de uma árvore genealógica: no lugar de detalhar quem são os primos, irmãos e pais, a árvore mostra de uma só vez a relação entre todos os membros de uma família.

> CATALISADORA

Procura abarcar muitos acontecimentos que, em geral, não são simultâneos. Isto fica claro quando uma mesma ilustração apresenta, por exemplo, o processo de captação, distribuição e uso da energia elétrica por meio da representação de uma represa durante o dia e das redes elétricas chegando a uma cidade com as luzes acesas durante a noite.

Também está presente em livros para as crianças pequenas, quando se apresenta a fauna de um lugar — um deserto ou lago, por exemplo — no qual se encontram desenhados todos os animais. Na verdade, é difícil encontrar todos os animais simultaneamente em um mesmo lugar. Um precedente histórico é o *Orbis Pictus*[28], de Comenius, em que, em uma vinheta, aparecem — juntas — diferentes espécies de aves (Imagem 9).

---

28 *Orbis Pictus*, publicado na Alemanha em 1658 e escrito pelo educador Comenius. Seu formato enciclopédico fez com que fosse considerado o primeiro livro de imagens para crianças.

Imagem 9.

> INFORMATIVA

Explicita a mensagem do texto. Por exemplo, o desenho de um bosque. Comparada com a vicarial, que substitui um objeto (um pórtico, um quadro), a informativa reúne uma categoria ou classe de objetos.

> EXPLICATIVA

Os códigos se sobrepõem. Imagens realistas com flechas que explicam a direção do vento ou a evaporação da água.

> FACILITADORA/REDUNDANTE

Quase sempre redundante, é uma imagem pouco encontrada, visto que o texto apresenta as informações de forma clara e explícita.

> ESTÉTICA

Hoje pouco frequente, era usada para preencher uma página, equilibrar uma diagramação, dar "graça" a um espaço vazio. Com os recursos sofisticados de diagramação atuais, em que a página é concebida em sua totalidade, baseando-se na imagem, sobram poucos ou nenhum "buraco" a ser preenchido.

Usos e abusos da fotografia

Durante muito tempo, as fotografias estiveram ausentes dos livros para crianças, seja por seu realismo (considerava-se que não era coisa para crianças), seja pela escassez de bancos de imagens para consegui-las ou pela dificuldade de reproduzi-las. Nos anos 70 e 80 do século XX, as fotografias reaparecem nos livros e, atualmente, é um recurso utilizado com muita frequência. É comum encontrar livros cujas fotografias foram especialmente encomendadas, e de excelente qualidade. Novas técnicas foram introduzidas, como a fotografia recortada, isto é, o objeto fora de seu contexto natural, o que amplifica sua percepção. É um efeito surpreendente e atraente, como se ao abrirmos ao acaso uma página de um livro nos deparássemos com um gato preto, inserido sobre um fundo branco, a nos olhar fixamente, o que faria com que fosse quase impossível deixar de olhá-lo também! Esse tipo de imagem despertaria uma atitude científica ou, simplesmente, nos seduziria? E, já observando com olhos críticos, a presença massiva desse tipo de imagem não poderia dar lugar a percepções científicas equivocadas ao apresentar animais fora de seu contexto natural ou em proporções alteradas?

Nos dias atuais, é praticamente impossível encontrar livros informativos sem fotografias. Elas são valorizadas porque transmitem a informação, mostram o que existe, apresentam objetos que podem ser vistos e revistos mais de uma vez sem que haja a necessidade de ir a um museu ou ao campo, por exemplo. Mas, se temos a oferta de muitos livros com fotografias, temos, por outro lado, muitas restrições, principalmente se levarmos em conta a oferta de materiais verdadeiramente artísticos e originais.

A fotografia é considerada um documento "real", quando, na verdade, não é exatamente assim. Uma fotografia é a imagem de uma imagem e sua interpretação depende também das intenções de quem a selecionou.

Em muitos casos, o brilho das fotografias, assim como o seu excesso, acabam por produzir livros que mais parecem catálogos. A superexposição de fotografias às vezes considera o leitor um sujeito aculturado pela televisão, que transfere os hábitos de seu consumo televisivo para os livros (Baeza, 2001).

Deveríamos levar em conta os casos em que a fotografia é capaz de refletir a arte que é. Um livro de fotografias sobre a natureza pode convidar o leitor a se perguntar sobre a beleza natural comparada à beleza humana. As fotos não servirão apenas para mostrar as plantas, mas para refletir sobre um tema filosófico que afeta a arte, a ciência e a história.

Encontramos, com frequência, as macrofotografias, nas quais as imagens são exageradamente ampliadas, como se o formato original não fosse suficiente. Também podem ser apresentadas em "maquetes" 3D, o que provoca sensação e aparência natural. São mostradas partes de plantas ou de animais que apenas pelo desenho não seriam possíveis de serem observadas. Em casos como esses, a escala aparece distorcida.

São oferecidas escalas para "devolver" à imagem a sua dimensão aproximada?

A fotografia está na moda. A melhora na qualidade de sua reprodução deu a esta arte um prestígio que não tinha antes, quando apenas se limitava a acompanhar um texto. Além disso, ao reproduzirem a "realidade", provocam maior verossimilhança. As fotografias ocupam atualmente um espaço que, em outras ocasiões, costumava ser preenchido por outras soluções gráficas, como mais textos, desenhos ou gráficos. No próximo capítulo, analisaremos detalhadamente os livros da editora inglesa Dorling Kindersley, responsável por impulsionar um determinado tipo de fotografia nos livros informativos.

Depois de analisarmos uma boa quantidade de livros de fotografia, chegaremos facilmente à conclusão de que há escassez de livros "sobre" a fotografia (história, precursores etc.), assim como, no âmbito da fotografia artística, títulos dedicados a fotógrafos ou exemplos de seus trabalhos. A fotografia de arte é utilizada apenas como recurso nos livros informativos. Há uma expressiva ausência de fotografia simbólica, isto é, aquela que dá espaço à imaginação.

Uma exceção é o trabalho original de Jill Hartley[29] no livro *Loteria fotográfica mexicana* (Petra Ediciones) e em outros trabalhos seus para leitores mais novos. As fotografias tiradas sobre a realidade mexicana se associam a uma brincadeira de adivinhas em que os textos se remetem às imagens. Em preto e branco, são uma excelente iniciação à fotografia artística e uma boa oportunidade para refletir sobre as relações entre a fotografia, a sociedade e os jogos de adivinhas.

29 Jill Hartley, fotógrafa americana nascida em 1950.

Faltam fotografias nos livros de viagem, de história local (será por estarem nos livros didáticos?), de temas contemporâneos — euro, história, doenças como a aids, por exemplo. Por que não se usa o fotojornalismo para a abordagem de temas delicados?

Frequentemente as fotografias que aparecem nos livros sobre natureza acentuam um caráter evasivo, pois despertam sentimentos como devaneio ou contemplação, que cabem muito bem à função expressiva, mas que, em poucos casos, provoca uma reflexão crítica científica.

Frente a determinado *fast-food* visual, algumas publicações exploram a imagem fotográfica de forma inusitada, provocando reações também inesperadas no leitor, sejam de curiosidade, de afetividade, de humor etc. até mesmo em um livro sem texto, como podemos ver no exemplo a seguir (Imagem 10).

Imagem 10.

O tratamento dado às fotografias, o emprego do contraste em preto e branco, bem como a escolha editorial de posicioná-las lado a lado favorecem a associação entre as imagens, criando um diálogo que não seria possível se as fotografias fossem apresentadas isoladas ou em outro contexto. Propostas como essas mostram às crianças que a fotografia também permite uma leitura simbólica.

Por fim, devemos levar em consideração se a seleção de fotografias oferece algo mais que uma simples identificação de objetos e pessoas. Elas deveriam ter o potencial de destacar temas, ativar emoções, sugerir conhecimentos paralelos e desafiar os leitores a pensar e questionar sobre as imagens que viram (Carter e Abrahamson, 1990).

Os desenhos

O desenho naturalista nasce no século XVI com a intenção de descrever o mundo real da forma mais exata possível (Caro, 1997) e de facilitar o registro documental nas viagens de exploração. Nessas ocasiões, era o único recurso de inventariar e repertoriar a natureza, um sonho dos estudiosos e pesquisadores para compreender melhor o mundo. Dessa maneira, as ilustrações sobre botânica foram, até a aparição da fotografia, verdadeiros documentos científicos. Desde as gravuras coloridas de Mutis ou Cabanilles até os esboços de Humboldt — que posteriormente seriam aperfeiçoados por outros ilustradores —, os desenhos estiveram muito presentes nos livros científicos.

Um fato interessante, que vale a pena citar, envolve o escritor e ilustrador Edward Lear, conhecido por seus *nonsenses* limeriques ilustrados, e que, na profissão de desenhista, chegou a trabalhar muitos anos desenhando pássaros para a Zoological Society of London. Seus desenhos sempre possuíram um ar lírico que ativa a imaginação.

Outro ilustrador contemporâneo, Anthony Browne, iniciou sua carreira como ilustrador especializado em medicina. Assim ele relata o sentido de um desenho técnico:

"Uma fotografia de uma operação nos diz muito pouco; tudo o que mostra é sangue, instrumentos e matéria indeterminada. Como artista médico, tinha de deixar todas as coisas claras, fazê-las parecer reais — ainda que não fossem — para descobrir e mostrar o que acontecia e estava oculto, fora do campo de visão. Era um trabalho difícil e muito exigente" (Browne, 2000).

Os desenhos dão outra dimensão aos livros informativos. Longe de ser meras ilustrações, estão a serviço do texto, esclarecendo, ampliando ou particularizando. Costumam ser de grande ajuda se certos detalhes são suprimidos em benefício da clareza conceitual. Assim como nos textos, a "adjetivação" desnecessária distrai. Citamos novamente Gombrich (2000):

"os desenhos de Leonardo da Vinci são os primeiros exemplos da supressão intencional de alguns detalhes em benefício da clareza conceitual".

O editor norte-americano Charlesbrige usa, normalmente, mais desenhos que fotografias em seus livros:

"A vantagem é que se pode enfocar o que preferir. Às vezes, não se encontra uma foto sobre o que se quer e no ângulo que se procura. Ou não é possível que, o que se deseja mostrar, se ajuste ao espaço. A ilustração oferece mais opções" (Pfitsch, 1999).

Como o trabalho da maioria dos ilustradores é considerado artístico, geralmente não é costume que recebam encomendas científicas, a não ser que tenham se especializado nessa área. Na Feira Internacional do Livro Infantil, que acontece todo ano na cidade italiana de Bolonha, há uma programação especialmente dedicada à ilustração científica, na qual sempre são apresentados trabalhos surpreendentes. Um desenho bem documentado acrescenta muito ao leitor, sobretudo se o ilustrador for rigoroso em seu registro e utilizar toda sua criatividade, como em um desenho de David Macaulay sobre as catedrais. O ponto de vista que ele oferece, de maneira geral, é impraticável para um visitante que apenas consegue olhar as catedrais de baixo para cima, já o desenho a apresenta a partir do ponto mais alto, acima de tudo.

O desenho cobre lacunas da fotografia e, ocasionalmente, pode eliminar detalhes "inconvenientes". Será que é por isso que existem poucos livros sobre o corpo humano com desenhos realistas? O desenho é muito prático para representar animais extintos, porque é impossível, em muitos casos, obter fotografias; ou no caso de ruínas que se reconstroem de maneira fictícia, mas verdadeira.

Um exemplo de como o desenho às vezes propõe ideias equivocadas pode ser visto nos inúmeros livros de dinossauros: ainda não se sabe exatamente a cor da pele, mas as crianças aficionadas nesses livros já sabem que suas cores variam entre o verde, marrom e cinza. Como fazer, então, um livro de animais extintos sem atribuir-lhes características? Quantos editores se atreveriam a oferecer um livro com dinossauros em branco e preto acompanhados por uma nota explicativa?

Algumas pesquisas (Danset-Léger, 1988) sugerem que as crianças menores têm preferência pelo desenho realista e pela imagem completa. Por isso, livros como os de Helen Oxenbury são tão apreciados, pois as crianças reconhecem o ambiente em que vivem e situações de seu cotidiano nada estilizadas.

Não há muitos depoimentos a respeito do trabalho de ilustradores científicos na atualidade.

Marta Chirino, ilustradora do Jardim Botânico de Madri (Espanha), explica como realiza seu trabalho:

"Quando fazemos desenhos científicos, devemos nos ajustar não somente à amostra que será desenhada em certo lugar e em condições climáticas determinadas, como também devemos ir além, pois neste indivíduo que vamos desenhar deverá aparecer todas as características próprias da espécie. O desenho final deve ter um caráter de documento científico, que nos ajude na identificação visual da planta" (Chirino, 2003).

A tecnologia digital facilita muito o trabalho dos ilustradores, permitindo, por exemplo, que plantas aquáticas possam ser recoletadas e conservadas em frascos com solução aquosa adequada. Mas a documentação, como relata Chirino, é exaustiva:

"nós, desenhistas, realizamos nosso trabalho a partir de toda a documentação existente, desde os exemplares das espécies de herbário, já publicados e estudados, até as descrições botânicas teóricas. Também estudamos os desenhos que já existem, de maneira a melhorá-los ou completá-los".

Há quem pense que as novas tecnologias fotográficas ou de outros tipos — como a ressonância magnética — transformaram o desenho em uma técnica obsoleta, o que não é verdade. O desenho ainda é imprescindível em livros sobre a flora, a fauna, medicina, anatomia e arqueologia, pois permite reconstruir partes do modelo que tenham sofrido dano, simular o aspecto de um animal imóvel e eliminar ou incorporar elementos indesejáveis.

Podemos comprovar o que foi citado acima analisando obras do autor e ilustrador David Macaulay, que nos presenteou com o livro *Como as coisas funcionam* (Editora Muchnik), no qual investiu cinco anos de trabalho, ou em outros projetos que se desdobraram em diversos livros em torno da criação e desenvolvimento das cidades. A imagem abaixo apresenta como funciona a hélice de um helicóptero (Imagem 11).

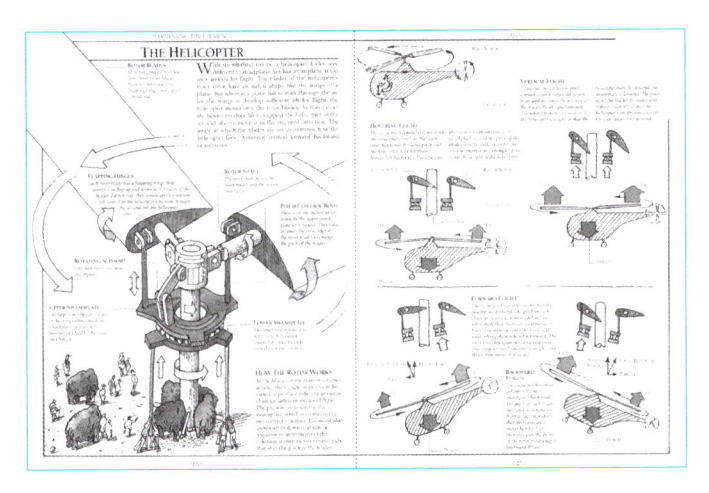

Imagem 11.

Os desenhos de Macaulay são de uma precisão e didatismo incontestáveis e, ainda que julguem seus livros inacessíveis à primeira vista, por preferir utilizar duas cores e não quatro (colorido), são verdadeiras e apaixonantes fontes de informação quando a intenção é aprofundar-se em algum tema, como as pirâmides ou os arranha-céus.

O desenho também tem uma função poética e lúdica. Um exemplo disso são os desenhos de Mitsumasa Anno, mais precisamente em seus livros de viagem. Por não conter texto, eles costumam ficar nas estantes de livros para não leitores. Porém, uma leitura cuidadosa desses livros logo comprova a intenção do autor de comunicar, na forma de narrativa visual, um mundo e uma cultura muito concretos. Em cada livro, um viajante atravessa, em todos os sentidos, um país: página a página, percorre as terras e revisa a história, cultura, costumes e paisagens do lugar, recheando as páginas de detalhes como se fossem fruto do acaso. Anno conhece bem as crianças e a maneira simplificada com que enfrentam as dúvidas sobre o mundo que as rodeia. O autor relata que escreveu *O mundo medieval de Anno* (inédito no Brasil) para "guardar aqueles dias inocentes antes de aprendermos que a Terra é redonda e que se move ao redor do Sol" (Anno, 2001).

Anno dirige-se à própria visão de mundo das crianças, ou seja, sabe que elas não aceitam tudo o que lhes dizem e que desenvolvem suas próprias ideias, como quando uma menina australiana lhe explica seu medo de cair porque o país em que vive está, segundo os mapas, de cabeça para baixo, e que "há partes escorregadias por todos os lugares".

Outros exemplos dessa função evocativa podem ser encontrados em livros nos quais as imagens apresentam uma narrativa e se assemelham a um livro de história. Aparentemente não se parecem com livros de Ciências (prova disso é que costumam ser colocados nas prateleiras de livros para crianças não leitoras), mas na verdade, são.

Em um livro da escritora Iela Mari, *História sem fim*[30] (Editora Anaya), por exemplo, o ciclo reprodutivo de uma galinha é apresentado desde o momento em que ela põe o ovo até o nascimento do pintinho que se transforma em galinha, mostrando-se o fim e o começo do ciclo. Outro livro da autora, sem publicação no Brasil, chama-se *Come que te como*, sobre

---

30 Editora espanhola, sem publicação no Brasil..

cadeias alimentares e de caça. São livros inspirados nos anos 1960, nas revolucionárias ideias de arte aplicada à pedagogia, em que o recurso narrativo de encadeamento empregado pela ilustradora prende a atenção das crianças que, quando terminam o livro, voltam a abri-lo na primeira página.

Abaixo vemos três duplas de páginas do livro *A pequena semente* (Editora Pulo do Gato), da autora e ilustradora francesa Véronique Vernette, cujas imagens narram o plantio e germinação de uma pequena semente, o cuidado durante a fase de crescimento, até o desenvolvimento de ecossistemas, quando cresce e se torna uma árvore frondosa (Imagens 12, 13 e 14).

Imagens 12, 13 e 14.

Gráficos, esquemas

Os gráficos simplificam e têm grande poder de concisão. A árvore genealógica consegue, de maneira simples, mostrar algo que, com palavras, demoraríamos muito (e mal) para explicar: é a mulher de um primo de segundo grau da minha mãe adotiva...

Lamentavelmente, pelo uso que costuma ser dado a eles nos livros didáticos, os gráficos acabam sendo um recurso pouco utilizado nos livros informativos por estarem associados à pedagogia escolar.

Sempre que encontrarmos esquemas em livros, devemos nos perguntar se estão de acordo com o texto. Que efeito produzem? Complementam-se? Cumprem uma função ou são meramente decorativos?

A escala conta ou não conta?

A escala é a proporção que representa o tamanho real dos objetos. Em muitas situações, nos esquecemos de que as fotografias falseiam a escala dos objetos quando se reproduzem detalhes de suas partes, ou quando se usam enquadramentos e enfoques diferentes. Uma miniatura pode parecer tão grande quanto um arranha-céu. E a reprodução de um pequeno quadro do pintor Vermeer, em uma dupla de páginas, pode nos levar à decepção quando, diante do original, descobrimos seu verdadeiro tamanho. Os primeiros livros da editora Dorling Kindersley tendiam a modificar as escalas, situando em uma mesma página animais naturalmente pequenos em tamanho enorme, e animais naturalmente grandes, apequenados. As críticas negativas que sofreram ajudaram os editores a compreender que as escalas são uma parte importante da aprendizagem científica.

Vejamos um exemplo de escala distorcida. Observamos que flores, arbustos, galhos, folhas etc. de uma determinada espécie de planta estão dispostos na página sem que seus tamanhos reais sejam levados em consideração (Imagem 15).

Imagem 15.

Nos livros mais atuais, essas diferenças são menos frequentes, e, em muitos casos, há inclusive a preocupação de comparar o tamanho de animais ou objetos ao das crianças, como pode ser visto no livro *Manual das crianças do Baixo Amazonas*, de Marie Ange Bordas, em que peixes são comparados ao tamanho real de um menino (Imagem 16).

Imagem 16.

A fotógrafa alemã Gisèle Freund (2001) é categórica em chamar essa prática de falsificação.

"O enquadramento e o foco, o tom que o fotógrafo dá aos detalhes de um objeto podem modificar totalmente sua aparência [...] Um detalhe desmesuradamente aumentado falseia a imagem que poderíamos fazer do conjunto de uma escultura ou de uma pintura. Uma miniatura pode parecer tão grande como a imensa escultura de Davi, de Michelangelo, em Florença."

Por outro lado, apesar dessa "falsificação", a ampliação de uma parte resgata, em muitas situações, detalhes que não são perceptíveis aos olhos humanos e facilitam a contemplação de uma obra apesar de estarmos distantes do lugar onde ela se encontra.

O livro de Steve Jenkins, *Tamanho real*[31] (Editora Juventud), é um bom exemplo para mostrar as escalas e os tamanhos. No lugar das fotos, utiliza colagens para mostrar diferentes partes do corpo de animais, ajustando sua escala à página do livro: do urso marrom do Alaska, o maior animal carnívoro terrestre (4 m de altura e 800 kg) mostra apenas uma parte da cara. O avestruz de 3 m fica junto a um dos ovos. Do tamanduá (2 m e 40 kg) só se mostra a língua comprida. Do tubarão branco (6 m e 3000 kg) apresentam apenas os dentes. Dos grandes, mostra-se uma parte; dos pequenos, tudo. Por exemplo, a tarântula que mede 30 cm cabe facilmente na dupla de páginas do livro. Para ajudar os leitores a compreender o que os tamanhos significam, o autor usa as comparações entre os próprios animais, ou dá exemplos como "a lula gigante tem olhos do tamanho de uma cesta de basquete".

---

[31] Editora espanhola, sem publicação no Brasil.

A HQ TAMBÉM DIZ ALGO

O uso de imagens em sequência é tão antigo quanto a humanidade: desenhos de cavernas pré-históricas, vasilhas egípcias com hieróglifos pintados ou livros manuscritos em que o símbolo e o signo figurados serviam para relatar algum acontecimento.

A HQ, tal como a conhecemos atualmente, caracteriza-se por uma sequência de imagens que narram uma história. Apresenta diálogos, possui heróis, as personagens reagem e falam, o texto dos diálogos está, quase sempre, em balões e a história pode ser de aventuras, de ação ou de humor. Até os anos 1960, a HQ foi considerada um subproduto cultural, dirigido a um grande grupo de pessoas com pouco acesso à cultura. Como indica Annie Baron-Carvais (1985) sobre os quadrinhos: "Essas revistas que não ousávamos ler abertamente para não passarmos por iletrados".

O livro publicado nos anos 1970 como manual de "descolonização", intitulado *Para ler o Pato Donald* (Editora Paz e Terra), é emblemático. Os autores Ariel Dorfman (1972) e Armand Mattelart analisam, sob a ótica marxista, a influência em um cultura de massa dessas HQs publicadas por Walt Disney. Ainda hoje, os quadrinhos são a leitura favorita das crianças. A ideia de que a HQ seja o gênero preferido por leitores que raramente leem livros ou são pouco interessados por cultura geral fez com que, durante muito tempo, as instituições educacionais a relegasse a segundo plano, quando não diretamente, à clandestinidade. Atualmente, a situação mudou muito, como mostra o trabalho coordenado por Jaime Correa (2010) e publicado pela CERLALC[32], intitulado *El cómic invitado a la Biblioteca Pública*[33], na qual insiste na necessidade de tornar visível esse tipo de publicação nas bibliotecas.

Apesar de sua aparente simplicidade, os quadrinhos não possuem linguagem simples, como mostra Barbieri (1998) em seu trabalho sobre as técnicas gráficas da HQ, quando analisa desde as características do desenho, o uso da caricatura, o enquadramento e a perspectiva até a construção da página. Na complexidade visual reside, justamente, a atração, e alguns livros informativos aproveitam essa versatilidade e aparente simplicidade como elemento gráfico e narrativo para divulgar a informação. O desenhista belga Hergué contava que o objetivo da HQ:

> "é contar uma história da maneira mais clara possível [...]. A primeira qualidade de um quadrinho é a legibilidade, ou seja, a clareza narrativa" (Vidal-Folch, 1997).

A mescla de ação, humor e caricatura foi usada desde os anos 1980 nos livros informativos dedicados à ecologia. Era um tema bastante recente nos livros para crianças, e também polêmico: debatia-se se era pertinente apresentar os conflitos ecológicos de forma direta para aqueles que começavam a conhecer o mundo. O livro *O Capitão Eco e o destino da Terra*, de Jonathon Porritt (Edições SM), foi inovador ao introduzir, pela primeira vez, para um tema sério como é a destruição da Terra, uma linguagem popular e acessível. O capitão Eco,

---

32 CERLALC é o Centro Regional para el Fomento del Libro en América Latina y el Caribe, ligado à Unesco, com sede em Bogotá, na Colômbia.

33 *A HQ é convidada para a Biblioteca Pública* (tradução livre).

anti-herói que vive espremido em um apertado disfarce, mostra com humor e didatismo alguns dos desafios que terá de superar para que a Terra não seja destruída pelo progresso e pela escassa consciência ecológica dos humanos.

A HQ permite uma leitura ágil, bem-humorada e até divertida, pois a caricatura de super-herói traz uma dimensão bastante real das dificuldades do ser humano diante de tanto despropósito. O movimento, a expressividade e o uso da semântica dos quadrinhos, ou seja, os elementos iconográficos como os balões de pensamento, ou a linguagem coloquial, em que se incluem onomatopeias que reforçam a ação (vupt, cabrum, toc, toc...), transformam a HQ em um veículo comunicativo muito peculiar e efetivo. Sua mensagem "se dirige, simultaneamente à inteligência, à imaginação e ao gosto dos próprios leitores", tal como disse Umberto Eco (2004) em um precursor ensaio sobre este gênero.

O ilustrador britânico Raymond Briggs também escolheu a HQ para abordar a tragédia de um bombardeio nuclear no livro *Cuando el viento sopla*[34] (Editora Debate). A crueza das situações era mitigada pelas suaves cores e a bondade do sobrevivente que conseguia relatar o caos e devastação depois do desaparecimento de uma boa parte da humanidade.

O estilo direto, assim como os detalhes e uma sequência de imagens mais simples que a do cinema tornam a obra mais apropriada para abordar temas de certa complexidade, como faz Spiegelman em *Maus* (Companhia das Letras), HQ em que um pai conta a seu filho como escapou de um campo de concentração e do horror nazista. A ausência de cor torna

---

[34] Livro adaptado para o cinema e veiculado no Brasil com o título **Quando o vento sopra**.

a história um relato intimista em que os judeus são ratos e os nazistas gatos, ainda que esta estilização não permita aos leitores muita distância do que se relata. Longe de criar uma ficção, permite muito bem a identificação.

Alguns autores usam a HQ de maneira pontual dentro de seus livros informativos com a finalidade de ajudar a esclarecer alguns conteúdos. A divulgadora norte-americana Aliki faz uso frequente de sequências simples de imagens e constrói uma pequena história, capaz de deixar claro alguns termos. No livro *Comunicación* (Editora Juventud), Aliki exemplifica situações cotidianas de incomunicabilidade e como resolvê-las. Na realidade, alguns conceitos que seriam muito abstratos por escrito, como os mal-entendidos gerados por esta condição. Ao mostrar dois pontos de vista (duas crianças combinaram de se encontrar, mas cada uma entende uma hora diferente: a que espera, se irrita; a que chega — segundo ela — pontualmente, não entende por que é repreendida etc.). Assim, fica muito claro como uma situação de encontro e amizade pode se tornar um enfado e uma incompreensão.

O livro *É alucinante!*, sobre o qual já comentamos, aborda a reprodução humana e, em meio a explicações relativamente complexas, duas personagens — uma abelha e um pássaro — interrompem o discurso formal do texto. Em seguida, percebe-se que se trata de um recurso ficcional, cuja função equivale à consciência e ao pensamento das crianças. Os dois amigos, depois de cada explicação sobre a vida do feto, integram os conceitos com base em seu mundo de referências, empregando, para isso, metáforas, comparações, perguntas e dúvidas que situam a teoria em um contexto real de pensamento infantil. Depois de longa explicação sobre a vida do feto no útero, uma das personagens resume a ideia como "o saco de plástico em que levamos os peixes quando os compramos e os retiramos do aquário". Esta maneira de fazer o leitor participar com seu mundo de certezas e dúvidas permite que retenha ideias, imagens e situações que, de outra forma, seriam difíceis de recordar.

Quando a pedagogia autorizou o uso da HQ na escola, procurou-se um propósito educativo e, como fruto dessa intenção, a ideia de que poderia ensinar alguma coisa. Isso ocorreu com os quadrinhos de Tintim, cuja justificativa se baseava em sua cuidadosa ambientação, documentação e, inclusive, na pesquisa que o autor Hergé fazia para cada um deles. Uma observação mais detalhada detectou, que *As aventuras de Tintim no Congo* (Companhia das Letras) exalavam um acentuado colonialismo que tirava um certo encanto do conjunto. Essa era a visão da época.

Em um estudo do filósofo e arqueólogo Sergi Vich (1997), analisam-se, cronologicamente, muitos quadrinhos que se passam em épocas históricas. O estudo revela interessantes conclusões. Por exemplo: a ambientação histórica é, muitas vezes, uma simples decoração para a atuação dos heróis, que são, na verdade, personagens contemporâneos "disfarçados" de personagens de época. Algo que preocupava Vich antes de começar seu estudo era a repetição — por parte de ilustradores — de estereótipos que, por se repetirem, acabavam por criar ideias preconcebidas nos leitores. No estudo dos quadrinhos dedicados à Idade Média, por exemplo, constatou as predileções pelas aventuras baseadas nos mistérios dos cátaros e dos templários; nos dedicados ao ciclo arturiano, percebeu que "se valem de estrambóticas explicações, com frequência carregadas de magia e esoterismo", assim como uma predileção por tudo o que é oculto e tenebroso presente na Idade Média. Contudo, o conjunto de sua análise — que chega a meados do século XX — com extensa e comentada bibliografia — demonstra que existe mais quadrinhos que cumprem funções didáticas que aqueles sujeitos a críticas.

Os quadrinhos também costumam ser usados como veículo para contar histórias de caráter autobiográfico, mas de grande impacto social. É o caso de *Persépolis* (Companhia das Letras), de Marjane Satrapi, em que uma iraniana descreve as condições de vida de uma mulher que não aceita o papel imposto pela sociedade em que vive; e de *María y yo*[35] (Editora Astiberri), do espanhol Miguel Gallardo, que aborda a relação do escritor com sua filha autista.

Outro exemplo é a HQ *Um outro país para Azzi* (Editora Pulo do Gato), de Sarah Garland, baseada em pesquisas e na própria experiência da autora, que conviveu com famílias de refugiados. A narrativa permite ao leitor conhecer a vida de uma criança exilada adaptando-se a um novo país (Imagem 17).

Vimos, desse modo, como a HQ está divulgando as especificidades de alguns temas que envolvem as Ciências Sociais e Políticas.

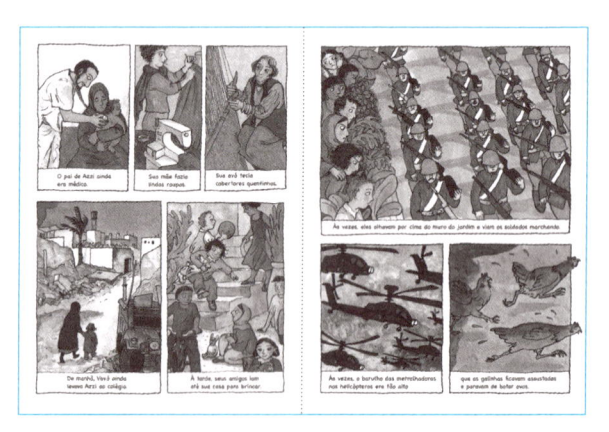

Imagem 17.

35 Editora espanhola, sem publicação no Brasil..

8. O fenômeno Dorling Kindersley

Dorling Kindersley é uma companhia editorial britânica que surgiu em 1974 e se especializou em livros de referência tanto para adultos como para crianças. Durante os primeiros anos, seu trabalho consistia em prestar serviços para outras editoras (o que se conhece como *packager*) até que, no início dos anos 1980, passou a desenvolver seus próprios livros. Em 1991 lançaram o primeiro do que se tornaria a marca registrada dessa editora: grande predomínio de imagens coloridas em fundo branco. A própria editora chamou essas coleções de guias visuais, porque seu objetivo era o de realizar livros muito atraentes. A seguir, veremos um exemplo de *layout* de publicações desta editora (Imagem 18).

Imagem 18.

Esse novo projeto visual foi muito impactante para a época, e a editora, rapidamente, conseguiu grande penetração em vários países que vieram a participar de suas coedições. Em poucos anos, muitos livros e alguns CD-ROMs foram desenvolvidos e dirigidos a um público mais voltado à educação que à divulgação científica.

Em 1999, durante uma arriscada operação de marketing, imprimiu-se 18 milhões de exemplares do livro *Star Wars*. Como nem sequer metade da impressão foi vendida, abriram falência e a empresa foi comprada pela Editora Pearson, passando a integrar o Grupo Editorial Penguin.

Durante esses anos, no entanto, a quantidade de livros lançados no mercado fez com que Dorling Kindersley fosse considerada um marco na edição de livros informativos para crianças. A princípio não foram muito bem aceitos pelos distribuidores. Peter Kindersley, em entrevista realizada na ocasião da publicação das primeiras coleções, explicou algumas dessas resistências: muitos diziam que não havia texto suficiente, ou que a fotografia destacava-se muito em primeiro plano etc. (Goldenberg, 1992). A recepção comercial, contudo, foi espetacular.

Os livros de Dorling Kindersley se caracterizam pela extrema qualidade no projeto visual. O livro passa a ser um objeto em sua totalidade e todos os aspectos externos, como o formato, a encadernação e o uso do papel couché são motivos de preocupação. A tradicional relação texto/imagem é invertida. Modifica-se o papel organizador: o autor e o editor, que geralmente escolhiam as imagens dos livros, não decidirão mais sobre isso. Esta função passa a ser da responsabilidade de designers gráficos ou de uma equipe de arte que providencia ou encomenda as imagens.

A ORGANIZAÇÃO INTERNA

Os livros se organizam em torno de uma dupla de páginas e cada vez que se abre o livro, a dupla apresenta informações relativas a um tema. São livros com uma clara influência da televisão e da cultura do *zapping* (controle remoto). Tal estrutura não permite discriminar os temas principais dos secundários. Os temas importantes, que necessitam de mais espaço e de uma relação mais direta com os secundários, aparecem misturados, sem hierarquia interna. Por exemplo, em um livro sobre gatos, os capítulos propostos são: "Cuidados com o gato", "Gatos curiosos", "Gatos de pelo comprido", "O rei da velocidade", "O rei dos gatos", "Características dos felinos" etc. Em alguns casos conseguem, contudo, dar uma ideia geral sobre um tema, como podemos observar na imagem abaixo, que apresenta diferentes tipos de locomotivas (Imagem 19).

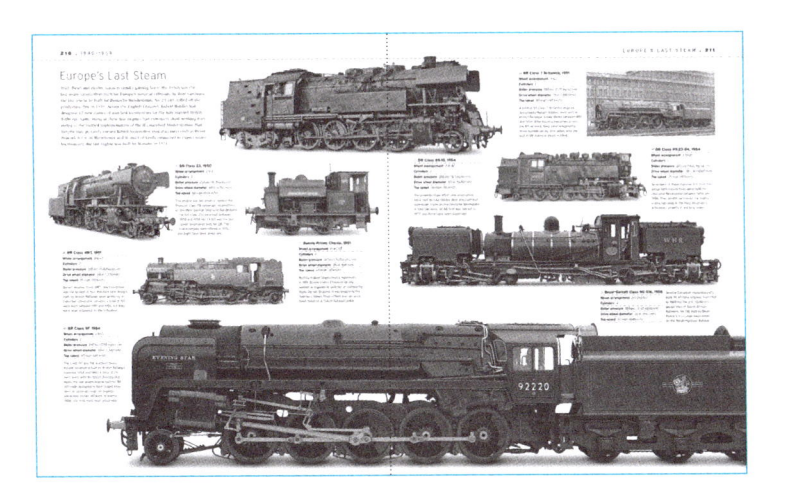

Imagem 19.

Ainda que a leitura de imagens predomine, a dupla de páginas quase sempre aparece ordenada pelo texto da esquerda para a direita e de cima para baixo. Texto do capítulo, texto introdutório e textos com letras menores para detalhes ou fotografias. Assim, os livros possuem dois códigos: o visual e o textual.

Trabalho multidisciplinar

Desde o início da editora, — quando realizava encomendas — seus livros eram preparados por uma ampla equipe, que incluía assessores, especialistas no tema, ilustradores, fotógrafos, redatores, diretores de arte e, em algumas situações específicas, a assessoria de algum museu. O próprio Kindersley fala sobre a formação dessa equipe em uma entrevista (Goldenberg, 1992):

> *"Fazemos muitas parcerias com associações, museus e sociedades. Fomos procurados pelo American Museum of Natural History e nos disseram que iriam refazer todas as salas sobre dinossauros e que gostariam que fizéssemos uma série de livros. Já havia muitos livros sobre dinossauros no mercado — como bem sabemos — assim, projetamos algo diferente. E, ao final, passamos três semanas no museu, fotografando dinossauros sobre um fundo branco, durante a noite."*

O código visual

Em razão das colaborações institucionais, não é raro encontrar documentos de época ou fotos antigas. Há, ainda, fotografias hiper-realistas, manipuladas para que apareçam fora de seu ambiente natural, geralmente aplicadas em fundo branco.

Nesse sentido, a Dorling Kindersley sempre foi muito determinada sobre a qualidade na produção: nunca há sombra nas páginas, e, do ponto de vista técnico, a imagem é impecável. Essa aparência acentua o componente persuasivo que a imagem fotográfica tem em si. Em algumas situações, as fotografias reproduzem objetos em três dimensões e permitem observar muitos de seus detalhes. A grande qualidade da reprodução atual parece um recurso incrivelmente fácil ainda que, na verdade, seja fruto de muitas horas de trabalho.

Em livros como esses, a imagem é o elemento mais importante. E é o projeto visual que determina o texto, e não, como ocorre tradicionalmente, as imagens "ilustram" o texto previamente redigido; o que faz com que não haja nenhuma barreira entre o leitor e o objeto, apenas a página. Como afirma Kindersley, na entrevista já citada, "no mundo atual não temos tempo para parar, descansar e refletir; tudo acontece muito rápido. Com nossas coleções dizemos: 'Pare e simplesmente veja isto'. E se fala sobre determinado objeto". Assim, as fotografias são oferecidas como uma linguagem natural.

A imagem ocupa cerca de 70% do espaço da página e está projetada para uma criança que (na época) assistia à televisão e seria usuária de computadores. São livros que respondem a um nível perceptivo da televisão: inativo/passivo. Produzem uma sensação de curto/rápido. A estética é muito cuidadosa: há muitos espaços em branco, a sensação é de higiene e limpeza e não há nada que nos distraia da imagem principal. Ao retirá-la de seu contexto, a simbologia desaparece e a fotografia apenas permite uma leitura simples, sem muitas nuances. É como se a imagem recuperasse sua função de alfabetizar o iletrado.

Também se dedicou muita atenção ao projeto gráfico: é certeiro em sua função, pois capta a atenção do leitor à primeira vista.

Os livros podem ser folheados e abertos em qualquer página. Por não pressupor uma ordem contínua, a dupla de páginas permite pular de uma para outra, como se estivéssemos fazendo um *zapping* com controle remoto. Isso produz, visualmente, um efeito de muita excitação: aparece um gato que olha para o leitor, um carro inteiro desmontado para que se vejam suas peças, os detalhes de um telefone antigo. Apesar desse impacto, porém, não foi possível medir o grau de compreensão. Tal quantidade de imagens demanda do leitor uma atenta observação para perceber e decodificar todos os detalhes significativos (Jacobi, 2005). Em alguns casos, inclusive, pode-se falar em "violência expositiva" e de saturação de imagens. A quantidade banaliza a função. Esse excesso impede, em algumas situações, a correta interpretação da imagem, pois paralisa a observação detalhada e crítica e, em último caso, sua possível análise. Acaba-se por produzir o que Susan Sontag (2008) denomina "contaminação mental". A abundância provocando um desprestígio do sentido e da utilidade da fotografia. Em casos como esse, a imagem ocupa um espaço que deveria ser utilizado para outras propostas, como o desenvolvimento de conteúdos, melhor distribuição da informação etc.

Em geral, a fotografia artística não é utilizada. Recursos como a fotomontagem ou fotografias mais artísticas não são frequentes. A fotografia criativa tem como função ativar as ideias e conceitos e relacionar elementos para uma possível interpretação subjetiva. A iconografia estilo Dorling Kindersley parece excluir determinadas áreas, como Política, Sociologia,

História contemporânea ou Filosofia. Por outro lado, as imagens estão presentes em temas como os dedicados à natureza. A fotografia, mais que para refletir, é usada para despertar sentimentos, para realçar seu caráter emotivo, sonhador e fascinante. Tal situação remete, ocasionalmente, à publicidade, que usa as imagens da natureza para a evasão ou o deleite. A natureza é, muitas vezes, o paraíso perdido.

Depois de olhar livros como esses, a quem pode interessar uma imagem em preto e branco?

O código textual

O texto, como já foi explicado, não é o que organiza o projeto gráfico, mas algo que se encaixa no modelo visual. Em geral, nas duplas de páginas há um texto de apresentação em negrito, uma introdução com fonte um pouco menor e pequenos comentários que podem acompanhar as imagens ou ser independentes delas (ainda que nunca do texto principal).

Às vezes, é difícil distinguir o mais importante do secundário. Isso não é uma prioridade para os projetos gráficos da Dorling Kindersley; a editora não se importa se os leitores pulam páginas ou deixam de ler algumas partes. É como pegar amendoins em uma bandeja, são todos iguais. Contudo, como veremos mais adiante, isso pode ocasionar problemas na assimilação da informação. Se o texto traz muita informação nova, o leitor poderá não assimilar com profundidade.

O texto, nestes livros, passa para um segundo plano: legenda, nota, comentário, pequeno parágrafo (e, algumas vezes, com letra minúscula). Sua função, segundo os especialistas da Dorling Kindersley, seria reduzir a velocidade de fruição do código fotográfico, a fim de reter o leitor um pouco mais na página. Texto e imagem brigam pelo leitor. Cada página compete com as demais.

São textos que não costumam estimular a pesquisa, transmitem ideias em frases soltas, promovem um conhecimento de curiosidades e parecem adequados ao trabalho escolar, mas a informação é parcial e fragmentada. Além disso, dão uma ideia de rápido acesso (superficialidade) em oposição à contemplação (reflexão). A rapidez é mais valorizada que a qualidade da leitura. É necessário ter conhecimentos prévios: por isso não é incomum que alguns adultos sejam tão aficionados por essas coleções, principalmente quando tratam de temas muito escassos no mercado (locomotivas, fósseis etc.). Desse modo, o projeto visual pode passar uma ideia de que qualquer tema pode ter a mesma estrutura e receber o mesmo tratamento gráfico, mas, na realidade, não estão presentes temas relacionados à atualidade, à política, à filosofia, à sociedade... ou seja, todos que requerem uma aproximação gradativa e subjetiva.

Para encerrar o capítulo, lançamos uma pergunta: Tudo o que atraente é em si mesmo um elemento formativo?

9. O texto: como o mundo é contado

A arte de divulgar

Já comentamos nos capítulos anteriores um pouco sobre o papel do autor e do divulgador científico. O divulgador precisa estar capacitado para uma tarefa que, por um lado consiste em entender conceitos e fórmulas científicas e, por outro, ser capaz de sintetizá-los e transmiti-los a um grande público, nem sempre com capacidade para entender a linguagem científica (Barceló, 1998). O divulgador, de alguma maneira, necessita reunir os requisitos de um bom pesquisador: curiosidade, sensibilidade para a observação, vontade de conhecer, capacidade de expressão, uso da dúvida e do ceticismo, amor ao mistério, imaginação, rigor, capacidade de se admirar, gosto por se comunicar e também interesse por um resultado prático. Oliver Sacks recorda em suas memórias como o cientista Boyle[36] o impactou:

> *"A personalidade de Boyle me atraía enormemente, bem como sua curiosidade onívora, seu fascínio pelos relatos, e seus trocadilhos esporádicos (como ao escrever que preferia os fenômenos "luminosos" aos "lucrativos"). Eu o via como uma pessoa, e mais que isso, como uma pessoa que me agradava, apesar dos três séculos que nos separavam"* (Sacks, 2001).

---

[36] Robert Boley, cientista irlandês nascido em 1627. Célebre por seus estudos nas áreas da Química, Física e Ciências Naturais, autor da Lei de Boyle, também chamada de Lei das Relações entre Pressão e Volume dos Gases à Temperatura Constante.

Um bom texto de divulgação para crianças deveria ser um convite para ver o mundo como a ciência e os pesquisadores o percebem. Se os bons romances têm uma história: argumento, tema, personagens, espaço; os livros informativos tratam dos elementos de uma exposição: tema, relevância, profundidade na apresentação do assunto e ponto de vista do autor (Carter e Abrahamson, 1990).

Nos últimos anos, o sucesso dos livros científicos entre o público em geral revela o desejo intelectual das pessoas pelo mundo das ideias. Vivemos em uma época de rápidas mudanças. Temas como tecnologia, saúde, biologia etc. afetam muitos habitantes do planeta, o que faz com que o interesse por estes assuntos aumente. As crianças sempre sentiram uma grande curiosidade por tudo o que as rodeia, por isso é tão importante que haja jornalistas e cientistas com vontade de informá-las como é o mundo em que vivem. Se hoje em dia é difícil fazer previsões sobre a vida que levarão as futuras gerações, ao menos damos às atuais a possibilidade de tomar decisões adequadas com uma boa bagagem de conhecimentos.

É importante que o divulgador conheça bem o público para o qual escreve, principalmente quando se trata de crianças pequenas, antecipando suas perguntas, imaginando seu nível de conhecimento e levando em consideração o momento de introduzir novas informações. A escritora Aliki, em um de seus divertidos livros sobre os animais pré-históricos, consegue se colocar no lugar de seus leitores quando — diante do descobrimento de um mamute fossilizado — inclui no texto uma pergunta que qualquer criança faria: "É de comer?".

O divulgador, seja ele cientista ou não, deve ser capaz de simplificar, sintetizar e exemplificar um conhecimento que foi elaborado com uma linguagem técnica. É necessário transpor um conteúdo de um nível de língua elevado, técnico, culto e científico, a outro mais acessível, popular e familiar. Para isso, deverá usar os recursos da língua e da imaginação. Sempre gosto de mencionar o exemplo do editor Manuel Aguilar, quando se refere a uma experiência editorial ocorrida em 1920 com um livro de divulgação científica de Julian S. Huxley e G.P. Wells, ambos biólogos famosos.

> *"[Eles] haviam escrito um texto original cujo título era* A ciência da vida *e o subtítulo* O livro de todas as coisas vivas. *Tratava-se de uma obra científica sobre a origem e os processos biológicos terrestres. Pelo que se sabe, o texto dos autores, escrito em rigorosa linguagem científica, passou pelas mãos de Herbert G. Wells, pai de G.P. Wells, conhecido por sua incrível habilidade como divulgador. Transformou o original em um apaixonante relato, sem deixar de lado o valor científico"* (Aguilar, 1972).

E o público rapidamente esgotou a primeira tiragem da obra. O bom trabalho de um divulgador é reconhecido quando lemos um livro e encontramos um autor — tal e como confessa o divulgador e cientista Jon Franklin — que transmite em seus textos algo parecido com: "eu gosto das ciências. E gosto de pensar que o conhecimento é uma fronteira e que a curiosidade é uma força" (Franklin, 2003).

Em suas memórias, o divulgador canadense David Suzuki explica que, quando decidiu se dedicar à divulgação científica, sempre se lembrava de explicar as coisas tal e qual fazia com seu pai quando era pesquisador:

"Todos aqueles anos em que explicava a meu pai o que tinha feito na escola me serviram para algo. Ao explicar um artigo difícil tentava pensar como o exporia a meus pais, para que compreendessem por que era interessante ou importante. Na realidade, é bastante simples, mas os cientistas tendem a se preocupar excessivamente com os detalhes e tentam alcançar uma grande precisão. Com muita frequência, perdem de vista a questão fundamental e, com isso, desaparecem a paixão e o interesse" (Suzuki, 1987).

Muitos cientistas contam para seus leitores como descobriram suas vocações: do que gostavam e os desafios que tiveram de superar. Explicam também como é o processo científico e a série de provas de tentativas e erros pelas quais cada uma de suas pesquisas passou.

Uma qualidade dos bons divulgadores em seus textos é a maneira como recorrem à imaginação para realizar seus trabalhos como para expô-los. Muitos livros informativos ignoram essa qualidade e não estimulam a imaginação de seus leitores. Quando falamos de imaginação nos referimos ao alcance que o autor oferece a respeito do tema tratado. Um livro sobre janelas, por exemplo, pode receber uma abordagem superficial, explicando seus tipos e formas, ou pode ampliar a visão, explicando o uso que certas culturas dão às janelas. Neste caso, relacionam-se, ainda, diferentes disciplinas: História, Cultura e Sociedade.

Baseando-se em sua perspectiva de físico, Richard P. Feynman[37] explica em que consiste a imaginação na ciência:

---

37 Richard P. Feynman, nascido em 1918, foi um físico norte-americano, um dos pioneiros da eletrodinâmica quântica e Prêmio Nobel de Física de 1965.

"É surpreendente que as pessoas não acreditem que há imaginação na ciência. É um tipo de imaginação muito interessante, diferente da do artista. A grande dificuldade está em conseguir imaginar algo que alguém nunca viu, consistente em cada um dos seus detalhes, compatível com algo já visto, mas diferente do que se havia pensado; além disso, deve ser uma proposição precisa e nunca vaga. E isso é realmente difícil" (Feynman, 1998).

Como veremos no capítulo dedicado à leitura de livros informativos, o esforço imaginativo de que necessita um cientista é mais ou menos o mesmo do que uma criança precisa quando abre um livro: conhecer algo que nunca havia visto antes e conectar-se com a informação prévia que já possuía sobre o tema. Para que um leitor tenha sucesso em sua relação com um texto, deve ser receptivo ao contexto proposto pelo autor. Já disse Albert Einstein que a imaginação é mais importante que o conhecimento. Ela permite ler o mundo em diferentes níveis. Nos livros informativos, a fantasia está presente e está relacionada com a formação do imaginário. A imaginação — e não a rotina — favoreceu grandes descobertas, é uma energia capaz de se transformar e criar: da ciência que procura explicar a vida apesar das crenças já existentes até o filósofo, que propõe a contemplação do céu estrelado. Os jogos também incentivam a imaginação quando temos livros informativos.

Tipologia nos textos informativos

A combinação de tipografias, textos contínuos ou fragmentados, ilustrações e outros recursos gráficos fazem com que os livros apresentem a informação de formas variadas.

Para ler um livro informativo não se deve proceder, de maneira geral, como em uma leitura: do começo ao fim, da esquerda para a direita. Como vimos, o projeto gráfico, o uso das imagens e uma aparência atraente transformam a leitura do texto em uma atividade em que é fundamental reconhecer sua proposta textual.

Para ordenar as diferentes combinações, tomaremos como referência o artigo de Paladin e Pasinetti (1999) no qual se estabelecem algumas das tipologias mais frequentes e fáceis de identificar.

› A DIVULGAÇÃO NARRATIVA

A narração ainda é uma das formas de contar mais frequentes e poderosas. Não podemos nos esquecer de que as crianças se alfabetizam com textos narrativos de ficção, por isso, o uso da narrativa em livros informativos é um recurso que facilita a introdução dessa nova forma de saber. Em minhas oficinas, quando começamos a leitura de um texto informativo narrativo, muitos participantes mostram surpresa porque o haviam catalogado na seção de ficção. Quando a narração, por outro lado, não inventa nada, não ficcionaliza nada, assim como ocorre nos romances, passa a ser uma forma muito apreciada de divulgação. No livro *Construção de uma catedral* (Editora Martins Fontes), de David Macaulay, encontramos tanto tramas e intrigas quanto explicações a respeito da construção do edifício, o que faz com que seja lido do início ao fim, como em uma narrativa. Trata-se de uma categoria de textos de não ficção que pode ser descrita como divulgação narrada (Mallet, 1992).

Em uma narração, a escrita está organizada de forma

cronológica e a informação se apresenta como uma história. É encontrada com frequência nos livros de viagem, em biografias, autobiografias, diários ou manuais de instrução. O texto tem uma função emotiva: o foco está no sujeito e, portanto, é o leitor quem deve saber o que é real e o que é ficção. E é por isso que se trata de uma interpretação do fato, pois há muita subjetividade. Esses livros favorecem os leitores iniciantes e os habituados a ler ficção, pois oferecem uma estrutura conhecida com começo, meio e fim. Para os leitores que se aproximam de um livro pela curiosidade, esse tipo de leitura também é muito agradável, já que podem se deixar levar pelo texto e depreender aquilo que lhes chame a atenção. Por outro lado, para aqueles que necessitam fazer uma consulta precisa ou obter um dado concreto, o formato narrativo exigirá um esforço maior de compreensão e podem sentir que não encontram o que precisam.

Para além de seu valor *per se*, muitos desses livros podem ser usados como "livros-ponte" para leituras mais complexas, ou entre leitores muito apegados às narrativas. Os livros da escritora Janell Cannon — *Verdi* e *Stellaluna* — usam a ficção para relatar a vida de uma jovem serpente que não deseja crescer ou a de um morcego que cai em um ninho de pássaros e aprende coisas contrárias a sua natureza. Ambos introduzem ideias científicas: o que comem, como crescem, os perigos que enfrentam, e detalham, em um apêndice, as informações mais importantes. Neste caso, usar a ficção parece ter sido um recurso intencional para aproximar o leitor da vida desses animais, tradicionalmente considerados feios e perigosos, dando a eles um aspecto mais simpático. Qual não é a surpresa dos leitores quando o morcego Stellaluna diz que não come vermes porque é vegetariana! Acrescente-se a isso o fato de as ilustrações combinarem imagens muito realistas com pequenos desenhos esclarecedores, o que complementa o texto e lhe dão veracidade. A familiaridade com esse formato ajuda os leitores a desenvolver expectativas em relação ao gênero de não ficção. Naturalmente, estamos falando de livros cujo principal objetivo é o de informar.

Ocasionalmente se utiliza o testemunho direto das personagens retratadas: é muito comum o uso de depoimentos orais em livros de história quando, por exemplo, deseja-se dar voz aos vencidos. Ou quando se apresentam histórias das minorias. A coleção *Eu venho de...* (Edição Associació de Mestres Rosa Sensat) dá voz a estrangeiros que vivem em outro país para expressar e compartilhar sua cultura. Em livros como esses, características culturais importantes são apresentadas por meio do relato de crianças ou de sua família. O ambiente realista, as fotos coloridas e o texto em primeira pessoa envolvem as crianças na leitura. A aproximação é subjetiva, real, aborda o cotidiano e é acessível, compreensível. E, por ser subjetivo, o conteúdo mostra uma verdade.

Outro exemplo do uso desse recurso são os livros dedicados aos pintores Rufino Tamayo e Fernando Botero, da editora mexicana Tecolote, nos quais um narrador — com palavras do próprio artista — dirige-se diretamente ao leitor: "Sinto uma alegria muito grande ao pintar", diz Tamayo, logo na abertura do livro. Os textos revelam pontos importantes da obra dos artistas e são eles mesmos — ficcionalmente — quem explicam: "em arte não há outra saída se não deformar a natureza [...] não há obras de arte que sejam verdadeiramente realistas", diz Botero, em páginas cujas ilustrações e cores usadas como fundo pertencem à obra dos dois artistas.

Essas "licenças" ficcionais ajudam o leitor a simpatizar com as personagens retratadas e a familiarizar-se com o processo investigativo e científico. A narrativa é um caminho muito agradável e apropriado para transmitir a informação. Contudo, a estrutura em forma de história não deve ser um convite a uma mistura desordenada entre realidade e fantasia. A maravilha do mundo deve ser comunicada sem confusão.

> A DIVULGAÇÃO VISUAL NARRATIVA

Assim como na divulgação narrada, também é possível narrar no formato visual, cujo código de imagens será mais rico e variado. Apesar de apresentar mais imagens, o texto continua tendo uma função conativa, isto é, orienta o leitor. Em algumas ocasiões, o narrador se dirige ao universo dos leitores como se quisesse fazê-lo participar de suas reflexões: "Uma mesa bem-posta nos desperta o apetite". Em outras situações, inclusive, a pergunta pode ser feita diretamente ao leitor. Para as crianças menores, os livros de Dick Bruna (coleção Miffy, Edições Asa, 2010) são agradáveis por apresentarem letras em negrito e cores primárias nas imagens. Os livros são organizados por temas (alfabeto, números, coisas, oposições etc.) e, na maioria dos casos, o texto é mínimo e as ilustrações sempre servem como ponto de partida para uma conversa.

Os livros de David Macaulay são especialmente sugestivos e representativos desse modo de contar. Macaulay se especializou em mostrar às crianças temas relacionados à construção, como o já citado *Construção de uma catedral* (Imagem 20) ou em *O castelo*.

Imagem 20.

Se o tema por si só já é fascinante para as crianças, pois revelam uma grande quantidade de jogos de construções, a maneira com que Macaulay consegue fazer isso é ainda mais atraente. Provavelmente isso se deve ao fato do próprio autor escrever e ilustrar seus livros, cujas ilustrações são minuciosas e cheia de detalhes. Apesar de usar apenas o branco e o preto, como se transportasse o leitor a uma época em que a impressão não tinha cor, é impossível não prestar atenção nos detalhes enquanto o texto oferece algumas pistas sobre o que a imagem mostra. O texto, às vezes, tem a estrutura de um jornal, e a relação entre texto e imagem é tão equilibrada e afinada que até mesmo o humor é usado como recurso para chamar a atenção do leitor. Macaulay explica por que gosta de usar a narrativa em seus textos:

> *"a habilidade de apresentar em um plano narrativo personagens e outros elementos me dá certa liberdade para gastar tempo na exposição da informação que desejo divulgar. Posso me concentrar em seu funcionamento, nos detalhes da construção sem me ocupar de particularidades*

que, mesmo sendo importantes, não propiciam uma análise sólida do que desejo contar aos leitores: não quero escrever livros de história, mas sim, criar livros que dão vida ao passado" (Poesio, 1994).

A extensa documentação do autor em cada livro pode ser observada nas ilustrações, mas não aborrecem em nenhum momento o leitor, ao contrário, sentirá interesse em ler outros livros do autor. Betty Carter recorda que em sua época de bibliotecária, uma criança leu um dos livros de Macaulay. Ao devolvê-lo, Betty comentou que não sabia que ela se interessava por arquitetura, ao que a criança respondeu: "Antes de ler este livro, eu também não sabia".

Vale a pena nos determos em outro exemplo desse tipo de livro informativo, agora com um bem conhecido e que apresenta muitas variações. Trata-se de *Lineia no jardim de Monet* (Editora Salamandra), de Christina Bjork e Lena Anderson, um dos primeiros *best-sellers* de Arte para crianças. Pela primeira vez se introduziu uma menina como protagonista em um livro informativo. Ela conduz a narrativa e é muito fácil identificar-se com a personagem. O texto da menina se diferencia claramente das notas mais informativas pela presença de molduras, pequenos textos etc. A protagonista começa a dar seu passeio pelo tempo e pelo espaço e, simultaneamente, conduz o leitor pelas mãos, apresentando-lhe suas investigações, pois está apresentando a vida e a obra de um pintor e atuando como uma espécie de repórter que vai construindo seu saber com o leitor. A trama é, portanto, ligeiramente misteriosa. Ao compartilhar com os leitores as suas descobertas, o passeio pela arte, a história e a biografia tornam-se muito naturais e atrativas, ao mesmo tempo que transmitem o prazer por conhecer mais sobre a época e a vida do artista.

Se fizermos uma abordagem mais técnica, os livros da coleção espanhola *Altea Benjamín*, por exemplo, apresentam um texto um pouco mais distanciado nesse sentido, ainda que seja possível lê-los do início ao fim de forma coerente. A interação entre o texto e a ilustração é muito evidente e quase imprescindível para sua compreensão total. Embora o texto seja um pouco mais formal, seu discurso se aproxima bastante da linguagem cotidiana. Trata-se de livros multidisciplinares, pois apresentam vários registros: jogos, observações, até mesmo textos poéticos. Em outro livro, *Dentes para mastigar*[38] (Editora Altea), foram incluídas, no final, notas sobre o cuidado com os dentes; em outra publicação que fala sobre os porcos, aparecem adivinhas e poemas sobre o animal. A parte ficcional, digamos assim, aparece separada e no final do livro, como forma de conectar dados e emoções. Uma excelente mistura.

Os livros da ilustradora Aliki também combinam uma sequência narrativa — todo o livro se lê de maneira linear, sem capítulos — com informações detalhadas, como neste outro livro, *Múmias do Egito*[39] (Editora Juventud), em que se detalham técnicas para embalsamar ou a estrutura e construção das tumbas. Em outro livro dessa mesma editora, *La leche, de la vaca al envase*, a autora explica de onde vem o leite, sua produção e comercialização. A informação é oferecida por meio de cenas simples, nas quais se intercalam

---

38 Editora espanhola, sem publicação no Brasil.
39 Editora espanhola, sem publicação no Brasil.

perguntas que as crianças fariam, acompanhadas de explicações técnicas e de didáticas ilustrações. A narrativa aqui é muito pertinente, pois utiliza a cronologia do ciclo do leite: da vaca à mesa. O livro termina com uma menina perguntando a um menino: "Se o capim que a vaca come é verde, por que o leite é branco?", de forma que o livro se abre a outras leituras e perguntas. Muitos desses livros reforçam a ideia de que aprender e obter informação pode ser divertido em qualquer idade.

O humor é outro recurso que funciona muito bem com as crianças pequenas, visto que, às vezes, é necessário um discurso emotivo e direto. A ilustradora Babette Cole é um exemplo de como, com ironia e destreza narrativa, pode-se explicar, por exemplo, de onde vêm as crianças. Em *Mamãe botou um ovo!*, a autora inverte os papéis educativos quando as crianças perguntam aos pais de onde elas vêm e as explicações deles não passam do senso comum: da cegonha, de uma sementinha no jardim etc. A imagem mostra uma família ao estilo *hippie*, que aparenta ser muito moderna, o que acentua ainda mais a paródia. Assim, as crianças, depois de escutar os pais com atenção (são bem-educadas), decidem que "já está na hora de explicar a eles todo o processo", e o fazem por meio de desenhos infantis muito claros e divertidos. Outro exemplo da mesma autora é *El doctor Guau y unos consejos para tu salud*[40] (Editora Destino), em que um cachorro toma para si a responsabilidade de explicar a uma família, com poucos hábitos de higiene, a maneira correta de se alimentar e de se limpar. Com muito humor e proximidade com os leitores,

---

40 *O doutor Guau e alguns conselhos para sua saúde* (tradução livre).

Cole escreve sobre assuntos cotidianos, mas pouco tratados nos livros, como piolhos ou gases.

Um outro exemplo desse tipo de livro é do britânico John Burningham, intitulado *As estações*[41] (Editora Kókinos). Apesar de ter sido publicado nos anos 1960, sua atualidade ainda é surpreendente, já que utiliza um texto muito curto e imagens panorâmicas, poéticas e narrativas para descrever a passagem do tempo além de cores que acentuam a mudança de cada estação no campo. O final é circular, uma vez que termina com um "e então começa a primavera", o que remete o leitor à primeira página do livro. A inclusão de personagens que atuam nas cenas dá ao conjunto uma sensação de narrativa, de naturalidade.

Nessa categoria, podemos incluir também os quadrinhos, pois costumam ser um tipo de narrativa muito utilizada para contar histórias de forte impacto subjetivo. Em algumas situações, a fronteira com a ficção é muito sutil, como na HQ *A busca* (Companhia das Letras), em que Esther, acompanhada do filho e do neto, visita o lugar que lhe serviu de esconderijo e conta as atrocidades que viveu durante o Holocausto.

Os poderosos efeitos comunicativos da HQ são usados também como complemento nos livros informativos. Um exemplo disso, e que inaugurou uma grande produção de livros sobre ecologia nos anos 1990, é o *Capitão Eco*, que, ao propor uma paródia de um super-herói com sobrepeso, relata ao leitor, por meio de uma viagem pelo tempo e espaço contemporâneos, alguns dos principais problemas ecológicos da atualidade. Breves vinhetas também fazem parte do livro *O que é Sexo?* (Editora Serres) e oferecem um respiro na tensão

---

[41] Editora espanhola, sem publicação no Brasil.

provocada por uma narração técnica com muitos dados e alto conteúdo emocional: livros pouco usuais, perguntas que, geralmente, não são abordadas pela família ou pela escola.

› A DIVULGAÇÃO VISUAL DOCUMENTAL
Trata-se de um tipo divulgação muito próxima da anterior: seu código visual é rico e variado e o projeto visual faz com que os livros sejam muito atraentes. Muitos desses livros tratam de um tema exaustivamente, que já se anuncia no título: serpentes, dinossauros, clima. A narrativa, por sua vez, não costuma ser em primeira pessoa nem solicita aos leitores que façam tantas inferências. O narrador é menos pessoal e é possível senti-lo menos comprometido. A descrição se faz mais presente: geralmente há poucas referências a situações emocionais ou subjetivas. O tom impessoal pode provocar nos leitores a impressão de que não possuem o nível intelectual e/ou linguístico para entender o texto e, em alguns casos, depois de olhar as imagens, acabam por abandonar a leitura.

Quase sempre se trata de textos cuja linguagem é mais técnica. Tais livros requerem bons índices, glossários e um leitor com algum treinamento para usar o livro e ler o que lhe interessa ou o que precisa. Para leitores bem informados sobre determinado tema, essa categoria de livros e sua linguagem lhes dão a impressão de que estão lendo livros para adultos, nos quais a exigência de compreensão é um desafio aceito sem problemas.

É a este tipo de categoria que pertencem os livros da editora Dorling Kindersley, abordados no capítulo anterior. Há uma equipe maior de colaboradores, a aparência é sofisticada e muito elaborada, a informação é, às vezes, exaustiva.

> A DIVULGAÇÃO TRIDIMENSIONAL/ATIVA

Trata-se do tipo de texto informativo em que a imagem e o projeto visual ganham todo o protagonismo. Em geral, requer a participação dos leitores para avançar na leitura, pois inclui:
> janelas
> *pop-up*
> cenas tridimensionais
> transparências
> janelas para abrir
> objetos para experimentar
> barulhos
> relevos

Alguns livros são muito atraentes para manipular, mas não passam disso: jogos que não ajudam os leitores a entrar nos textos para desenvolver um pensamento científico.

Um autor muito interessante é Jan Pienkowski, com seus livros tridimensionais. Em *Aviões* (Editora Montena), ele condensa, em apenas dez páginas cartonadas, diferentes maneiras de voar: balão, monomotor, foguete etc. A ordem das peças de acordo com sua velocidade, assim como o respeito às escalas e proporções denotam um raro tratamento didático que se mostra muito eficiente.

Outro exemplo desta categoria são os livros *puzzle*, mais precisamente a coleção *El Arte en el Puzzle*, inédita no Brasil, em que livros belamente editados "desmontam" determinados quadros para remontá-los, de modo que as crianças observem as peças e os detalhes que os compõem. Normalmente, um tema é escolhido para todos os quadros apresentados, de maneira a propor um passeio através do tempo e das diferentes culturas por meio do jogo.

É uma tendência que, em virtude dos altos custos de produção e do cuidado para seu manuseio, sofreu retrocesso nos últimos anos. François Michel, divulgador de geologia e realizador de *pop-ups* como En las entrañas de la tierra[42] (Editora Altea), explica o trabalho delicado que livros como esses requerem:

"Eu mesmo imaginei os mecanismos, fiz mais de cem maquetes preparatórias, quebrei muitas lâminas de corte, usei os marcadores dos meus filhos, modifiquei, simplifiquei... Está claro que o ilustrador vestiu a obra e traduziu meus croquis, e o impressor fez, depois, seu trabalho de fabricante, mas houve, a princípio, todo um trabalho artesanal" (Michel, 1990).

Alguns livros interessantes apresentam maquetes e elementos tridimensionais com os quais os leitores podem construir uma casa.

Uma última consideração nesse sentido: livros de artistas como Bruno Munari[43] ou Tana Hoban[44], apesar de não serem científicos, propõem uma iniciação ao saber, à atividade científica; ensinam a ver, a observar, a pesquisar, classificar, deduzir...

---

42 *Nas entranhas da Terra* (tradução livre, sem publicação no Brasil).
43 Bruno Munari foi um artista e designer italiano nascido em 1907. Contribuiu com fundamentos em muitos campos das artes visuais (pintura, escultura, cinema, design industrial, gráfico) e com pesquisas sobre o tema do jogo, a infância e a criatividade.
44 Tana Hoban, nascida em 1917, foi uma fotógrafa americana e autora de livros para crianças.

ORGANIZAÇÃO DA INFORMAÇÃO

Embora tenhamos visto nas tipologias como a informação pode ser apresentada, os textos adquirem formas e estruturas diversas que merecem ser reconhecidas, ao menos para saber os que atendem melhor aos nossos propósitos. Os livros não estão organizados da mesma maneira e, à medida que os lemos, conseguimos reconhecer alguns padrões.

Desde o alfabeto em um dicionário até a enumeração de etapas que uma receita culinária apresenta, existem várias formas de apresentar a informação.

A tabela a seguir foi realizada com base em Carter e Abrahamson (1990).

ORGANIZAÇÃO	DEFINIÇÃO	ONDE ENCONTRAR
Linguagem	Informação ordenada segundo a ordem alfabética	Dicionários Enciclopédias Livros de alfabeto
Ordem cronológica	O tema se descreve pela progressão em uma sequência temporal; é muito comum	Manual de instruções Experimentos Textos científicos Relatos históricos Biografias
Comparação/ contraste	O tema ou acontecimento se apresenta por comparação de pontos de vista	Coleções Questões políticas ou sociais Religião
Acumulação	Os acontecimentos se apresentam encadeados: amarram-se uns aos outros e criam a totalidade	Livros científicos Temas sociais
Enumerativa	Exame das partes relevantes do todo em todas as áreas; é uma das mais frequentes	Livros de referência Acontecimentos

ORGANIZAÇÃO	DEFINIÇÃO	ONDE ENCONTRAR
Problema/ solução	A informação se organiza em torno de uma série de situações às quais seguem possíveis soluções	Textos científicos, especialmente os de Ecologia Livros sobre os problemas do mundo
Pergunta/ resposta	Apresentação de um tema prático por meio de uma série de perguntas formuladas pelo leitor, seguidas de respostas	Livros de todos os temas que apresentam fatos Livros de perguntas
Do simples ao complexo	A informação começa com o básico e vai sendo construída em sua totalidade, por meio de detalhes elaborados em sequência	Livros de instruções
Narração	A informação se apresenta por meio de uma história; é muito frequente	Biografias Biografias coletivas Ciências Sociais Acontecimentos científicos

Como se observou nessa tabela, há formas de organizar a informação, mas elas podem ocorrer simultaneamente em um livro.

Se observarmos um livro de história, poderemos perceber quando ele é narrativo e cronológico ao mesmo tempo; ou se livros de Ciências Sociais, que suscitam perguntas e respostas, propõem problemas e soluções. As combinações podem variar: um livro que explica como funcionam determinadas coisas (enumerativo) e que apresenta a informação de maneira progressiva (do simples ao complexo) etc. Um livro de esportes é outro exemplo de forma enumerativa: a história do esporte, técnicas de jogo, equipe necessária para jogar, partidas mais importantes, nomes...

Além de agrupar os livros em categorias, o mais importante, quando estamos lendo, é reconhecer se a organização proposta é eficaz para o propósito de informar. A estrutura oferecida pelo autor deve ajudar os leitores a processar a informação. Um livro informativo não é somente algumas ideias, mas um conjunto organizado e apresentado de maneira que os leitores as compreendam.

Sobre a intencionalidade, o ponto de vista e o enfoque

Uma das ideias mais difundidas em algumas disciplinas da ciência é a de que ela é imparcial. Se alguém explica uma fórmula de Matemática, a ordem dos planetas no espaço ou como funciona um foguete, é fácil imaginar que se trata de informação objetiva e longe de qualquer ideologia. Outra área são as Ciências Humanas, como a Sociologia ou a História, em que a diversidade de pontos de vista se torna mais difícil de objetivar e, realmente, seria desejável que os livros apresentassem uma posição definida a esse respeito.

Cientistas e divulgadores, por outro lado, sabem que por trás da ciência e sua difusão há pontos de vista, intenções e interesses que determinam certas influências. Este ponto de vista não pode ser evitado, por isso, conhecer a perspectiva a partir da qual o autor escreve é importante para ajudar a avaliar o livro (Mallet, 1992). As aplicações da ciência também são muito discutidas, por isso, recorremos, novamente, ao físico Richard P. Feynman em uma de suas conferências sobre o papel social de um cientista:

> *"Este poder para fazer coisas não incluem instruções sobre como utilizá-las, se para o bem ou para o mal. O produto deste poder é o bem ou o mal, dependendo de como seja utilizado. Queremos melhorar a produção, mas temos problemas com a automatização. Ficamos satisfeitos com o desenvolvimento da medicina, mas logo nos preocupamos com o número de nascimentos e com o fato de que ninguém morrerá das doenças que erradicamos. Ficamos satisfeitos com o desenvolvimento do transporte aéreo e nos impressionam os grandes aviões, mas somos conscientes dos horrores de uma guerra aérea"* (Feynman, 1998).

Por tudo isso, quando temos um livro em mãos, é importante formular algumas perguntas que nos levem a refletir sobre o que há por trás do texto. Questões como: O que querem nos contar? Por quê? Qual o ponto de vista do autor/divulgador? O que acontece quando a ciência avança e é necessário tomar decisões morais? Os autores expõem aos leitores controvérsias sobre os temas? Há divulgadores que pensam em proteger as crianças diante de determinados temas (posição que, certamente, adotam muitos mediadores), o que inclui até mesmo apresentar uma visão idílica dos animais, antes de apresentar, por exemplo, a vida selvagem.

Frequentemente podemos detectar a intenção ou o ponto de vista por meio de "como" o tema está exposto. Não é difícil encontrar livros de invenções nos quais se destaca unicamente o trabalho do inventor, excluindo todos os colaboradores e todas as ideias prévias que levaram ao invento. A ideia de um pesquisador solitário nunca existiu: os inventores trabalham lado a lado, com uma equipe variada, que pode até estar à sombra, mas sem a qual, não seria possível nenhuma descoberta.

Nos livros sobre a natureza, é muito comum encontrar a ideia de que ela se apresenta "a serviço" do homem, ou seja, a natureza é apresentada de maneira utilitária.

Em alguns casos, há uma estilização ou até mesmo uma idealização de épocas passadas, como ao encontrarmos em um livro a denominação "trabalhadores" quando, na verdade, o termo adequado seria "escravos" que construíram as pirâmides. Ou quando se apresenta a vida dos grandes navegadores omitindo os detalhes da miséria em que se vivia nas embarcações. Em muitos livros, esta parte "feia" da história não é apresentada às crianças, que ficariam encantadas com a possibilidade de viver em um castelo, mas que desconhecem praticamente tudo sobre a vida cotidiana daquela época.

Por que mostrar combates entre tiranossauros quando se sabe que, na verdade, essas lutas eram pouco frequentes, se não para perpetuar uma imagem de violência e poder da época? São poucos os livros sobre dinossauros que são sinceros com as crianças, explicando-lhes que, ainda hoje, a cor da pele desses animais não é conhecida. Em lugar de mostrar a elas como a ciência é algo em movimento e que depende, às vezes, de uma pequena descoberta, manipula-se a informação pintando as peles dos dinossauros em todos os livros. Nesse sentido, o sensacionalismo que se encontra em muitos textos procura mais a admiração que a informação. Estas manipulações sutis, mais interessadas nas batalhas que nas discussões suscitadas por um acontecimento, geralmente não incentivam a reflexão.

É difícil encontrar livros em que a ciência (por exemplo, a Física e a Química) esteja conectada com o cotidiano. Não é de se estranhar que iniciativas como "a química da maionese", sobre a qual comentou anteriormente a ex-editora e pesquisadora Massarani, ou *Química até na sopa*[45] (Editora Iamiqué), sejam projetos tão atraentes para as crianças. Um parafuso, um abridor, também pertencem ao âmbito da física, como ensina o livro de David Macaulay *Como as coisas funcionam* (Editora Muchnik), no qual o autor detalha com desenhos muito claros e didáticos como uma alavanca é um feito científico, usado continuamente em nossa vida cotidiana quando abrimos uma lata.

Com relação à subjetividade, podemos dizer que se trata de como o autor expõe seu ponto de vista, seja qual for o tema. O mesmo assunto pode ter diferentes interpretações ou opiniões. Em algumas situações, parte do conteúdo é o ponto de vista do autor. Barceló (1998) ressalta que "não existe ciência ou tecnologia absolutamente neutras". Muitas vezes, porém, encontramos livros que nos mostram essa neutralidade,

---

[45] Editora argentina, sem publicação no Brasil.

omitindo, por exemplo, que muitos avanços que nos permitem grandes comodidades atualmente foram feitos com muito sacrifício, não só econômico como humano. Toda a Revolução Industrial foi quase impossível sem o desenvolvimento da ciência. A possibilidade de produzir alimentos em quantidade suficiente, a abolição da escravatura, o controle de doenças tiveram grandes repercussões sociais e não teriam sido concretizados sem a ciência.

Sem dúvida, temas como a história, a filosofia, a arte, a música e alguns outros requerem certa subjetividade para ser entendidos em um contexto mais amplo. A história dos colonizadores é diferente da dos colonizados. Em filosofia existem diferentes escolas que interpretam de maneiras variadas a relação do homem com o mundo. Para as artes, é interessante observar, por exemplo, em que contexto um livro fala do compositor Wagner, ou de que maneira se repetem uma ou outra vez os mesmos artistas que se filiam diretamente a determinadas ideias.

O politicamente correto está igualmente presente na seleção dos catálogos dos livros e, por isso, devemos refletir de vez em quando sobre a ausência de temas e/ou personagens. O subjetivo pertence ao sujeito, relaciona-se com ele, ou depende de sua consciência e sentimentos, definem os dicionários. Podemos pensar que os divulgadores da ciência mais "dura" — como a Física ou a Matemática — deixam de ser subjetivos quando escrevem para crianças? O tema escolhido, assim como a escola em que se inserem, são pontos de vista que não podemos esquecer. Há biólogos que estabelecem suas reflexões dentro da tradição darwinista, e existem outros que preferem ir contra ela. O juízo, a emoção, o racionalismo pessoal são elementos do subjetivo, ou seja, considera-se menos aquilo que diz respeito aos demais e que por isso não se consegue alcançar a objetividade.

Diante de um livro, podemos nos perguntar: A opinião pessoal está separada do conteúdo do livro? O que se conta e, sobretudo, o que se omite? A tendência às coedições levou muitos editores a publicar livros "politicamente corretos" para que pudessem ser traduzidos em muitos países. Isso só é possível quando se renuncia a certa paixão na forma de contar as coisas, e se expõe — de forma imparcial — os pontos de vista.

Essa é, provavelmente, uma das causas de existir tantos livros sobre animais, ainda que ninguém possa negar que este seja um dos temas favoritos das crianças.

Mas isso é possível em todos os casos? Os temas sociais ou históricos propõem outros questionamentos. O livro do historiador francês Jacques Le Goff *A Europa contada aos jovens* (Gradiva, Lisboa) analisa, em linguagem simples, o tema das colonizações — tantas vezes elogiadas nos livros de história — ou a condenação às atrocidades nazistas, tema sobre o qual existem mais romances para jovens que livros informativos. Outros livros de temas difíceis, e, portanto, muito escassos, são aqueles que tratam de temas como assédio, doenças, sexo.

Igualmente se fala do politicamente correto nos livros informativos. A pesquisadora Aline Antoine (2004) alerta em um artigo sobre os livros que atraem o leitor a um pensamento politicamente correto, propriedade de uma maioria ou de uma tendência social do momento. Comenta que nos anos 1970, durante seu trabalho como bibliotecária, observava como as crianças olhavam os livros de Arte com cenas de nudez (e, inclusive os escondiam para encontrá-los rapidamente no dia seguinte); nos dias atuais ou não estão presentes nas escolas ou são censurados. Não é de se surpreender que nos livros sobre corpo humano as crianças apareçam vestidas.

Assim como os demais livros, os informativos devem mostrar as dúvidas e as ambiguidades com as quais a ciência trabalha. Os cientistas estão acostumados a tratar das incertezas e elas precisam ser apresentadas.

"Se não fôssemos capazes ou não desejássemos olhar em uma nova direção, se não tivéssemos dúvidas ou não reconhecêssemos a ignorância, não teríamos ideias novas. Não haveria nada digno de comprovar porque saberíamos que é verdadeiro" (Feynman, 1998).

Há livros que, mesmo sem intenção, manipulam de alguma forma os leitores quando, por exemplo, dramatiza ou moraliza um tema: obriga o leitor a tomar uma posição desde a primeira página, como acontece com muitos livros de ecologia, quando o leitor é alertado diretamente sobre determinado perigo, sem ter a oportunidade de refletir sobre a informação.

"Existe um livro sobre pontes, em uma boa coleção para jovens, que as explora desde o tempo da Pré-História até a atualidade, em uma grande variedade de países de todo o mundo. Isto poderia ser ambicioso para um livro de 32 páginas (entre as quais se destinam 24 ao corpo do texto e 50% de cada uma está ocupada por ilustração), contudo, outro livro revela em 24 páginas que as pontes não são consideradas somente do ponto de vista tecnológico (os elementos de construção e sua relação com os métodos de construção e o desenho da ponte), como também a partir do ponto de vista social e econômico (comunicações e padrões de

distintas civilizações, comércio e desenvolvimento econômico). Não há espaço suficiente para apresentar a informação factual implicada ou para explicar os vários conceitos necessários à compreensão dos diferentes tópicos. Os problemas desse tipo geralmente não aparecem nas coleções que concentram títulos de conteúdo claramente definido" (von Schweinitz, 1995).

Podemos falar ainda sobre a profundidade que o autor deseja dar a seu texto. Ou seja, a quantidade de detalhes e o nível dos conceitos oferecidos em um mesmo título. Livros com limitada profundidade na apresentação mostram somente fatos superficiais e teorias básicas.

Sem dúvida, para formar leitores críticos e capazes de tomar suas próprias decisões, as crianças precisam também de livros que abordem temas comprometidos e lhes ajudem a explorar as diferenças entre pontos de vista opostos. Necessitam de livros sobre política, direitos humanos, problemas ecológicos e nucleares, abuso de menores etc. Apesar de existir muitos livros sobre novas tecnologias (aviões, carros, viagens espaciais), raramente se encontra informação sobre o "custo humano" desse progresso, as condições dos trabalhadores etc. Se não é necessário propor um catálogo fatalista das misérias do mundo, é importante criar fóruns para suscitar discussões e fazer com que a criança seja protagonista de seu futuro. O pedagogo Howard Gardner defendeu durante anos uma educação por meio da qual reivindica "cidadãos críticos que possam pensar cientificamente sobre as novas descobertas (como a clonagem) e novas opções pessoais (como submeter-se, ou não, a um exame genético)" (Gardner, 1999).

TEXTOS ABERTOS, TEXTOS FECHADOS

Para iniciar a discussão, é importante pensar nos livros didáticos, material de referência que toda criança tem em suas mãos durante muitos anos. São livros escritos em linguagem formal, seguindo os pontos acerca de um tema sobre os quais as crianças deverão responder exercícios ao mesmo tempo, em busca de uma resposta correta. O livro didático "diz" à criança: "Isto é o que você tem de aprender" e, ainda que quase nunca se saiba quem o escreveu, o autor ou autores se mostram como uma autoridade. São livros que não levam ao diálogo.

Ao contrário dos livros didáticos, que em geral oferecem definições e textos que começam e terminam em si mesmos, os livros informativos deveriam ser, como propõem Becerra e Charria (1992), "textos abertos".

Segundo essa definição, um texto aberto expõe ideias de forma compreensível e apaixonada, guia e ajuda os leitores em suas observações e a procurar mais informações. As ilustrações, desenhos e gráficos facilitam a compreensão do texto. Basicamente funciona com estas premissas:

› Colabora com o leitor; põe em dúvida suas crenças espontâneas, ou seja, o animismo, o realismo fantástico, as explicações casuais.
› Compartilha seus conhecimentos; contém indicadores como ilustrações e gráficos que abrem o texto para: procurar mais; incitar a curiosidade; duvidar; ler outros livros.
› Os conceitos, nos textos abertos, são explicações articuladas e não definições.

› Os textos abertos expandem o ato leitor para além do texto, por exemplo, com a presença de apêndices, lista de endereços, bibliografia.

A importância de se trabalhar com textos abertos é evidente. Um livro que termina com uma pergunta é sempre um convite para que se leia outro livro.

"O melhor livro informativo deve incitar a procurar outro livro, outra fonte de informação, para deixar o leitor construir o conhecimento a seu gosto" (Soumy, 1985).

Também Calsamiglia reflete sobre o tema:

"O texto se transforma em uma entidade aberta, com possibilidade de associar seu conteúdo com temas da vida em geral. A função do texto não é só referencial mas se abre a outras funções, como a expressiva, a conativa e, especialmente, a poética, porque por meio de recursos expressivos como a comparação, a metáfora e a metonímia, conceitos abstratos e distantes se relacionam com o mais próximo e conhecido" (Calsamiglia, 1997).

Em contrapartida, o "texto fechado" só fornece definições e, em geral, serve unicamente para cópia, não permitindo a intervenção dos leitores. Enciclopédias e dicionários são textos fechados: usam uma linguagem técnica, são fechados em si mesmos, na definição que dão. A função desse tipo de publicação é dar informação rápida, respondendo apenas perguntas do tipo: qual, quem, onde... que interferem na compreensão dos processos. Se esse tipo de texto é trabalhado unicamente com os livros didáticos, com o objetivo de buscar dados e definições, não se está colaborando para a construção do conhecimento, pois não desenvolve ideias, tampouco se oferecem pontos de vista para sua interpretação.

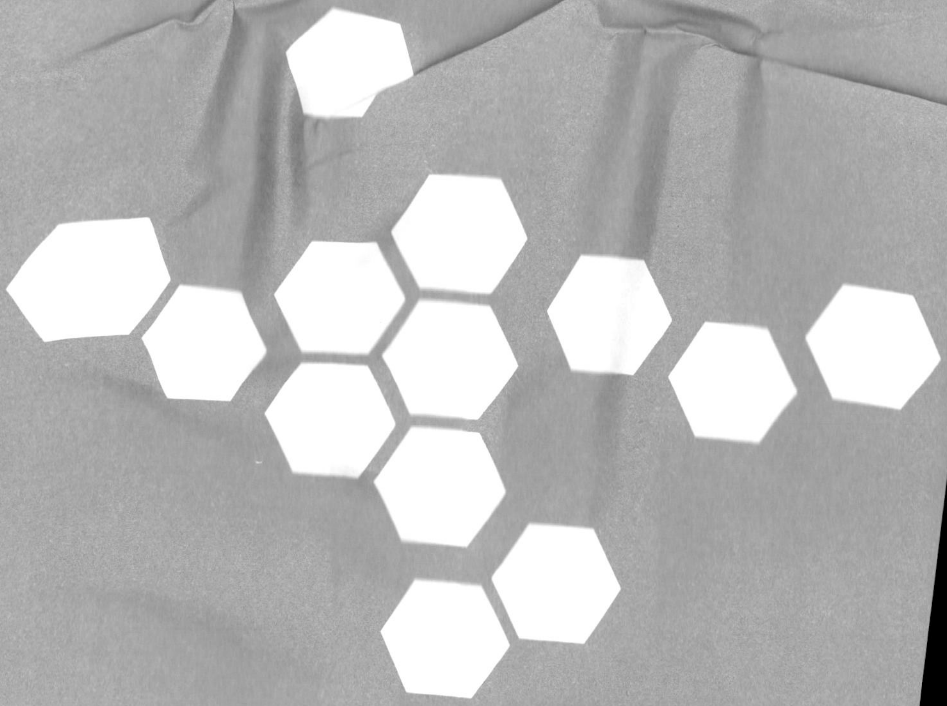

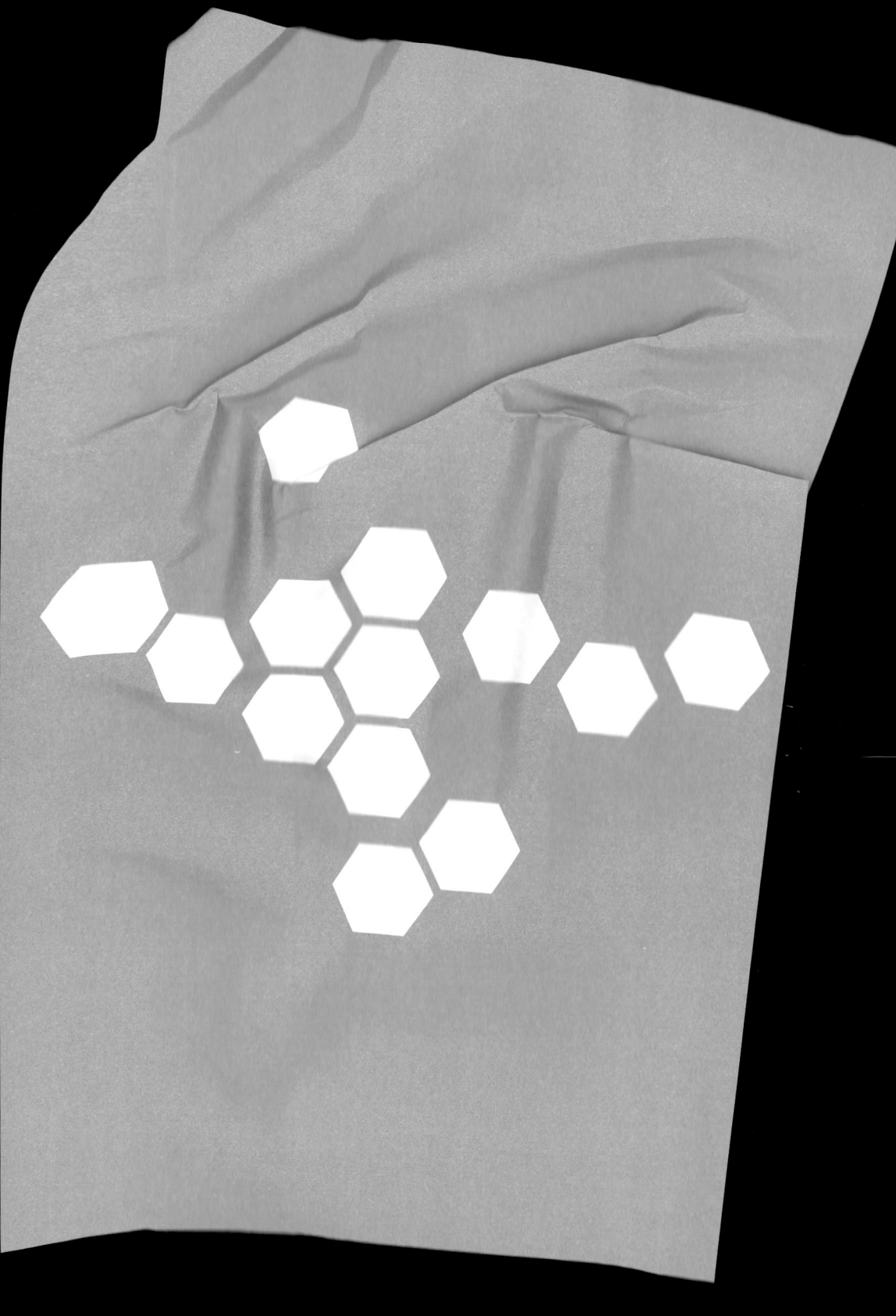

PARTE 3
Ler e compreender livros informativos: ideias para incentivar a leitura

10. A complexidade na leitura dos livros informativos

Nos capítulos anteriores, vimos como alguns projetos gráficos complexos podem dificultar o ritmo da leitura, ainda que favoreçam uma primeira aproximação visual e passem a ideia de que ler livros informativos é divertido. Um livro de informação, mesmo simples, pode ser um desafio para o leitor. Para dominar a leitura, e para que ela possa ser uma experiência lúdica, os leitores devem conhecer as regras para jogar: ter familiaridade com o uso do índice, aprender a ler os documentos gráficos, saber selecionar a informação, consultar dicionários ou glossários.

As crianças devem saber como agir se quiserem ler um livro inteiro ou apenas realizar uma busca pontual. Sem uma prática adequada, o livro será, no melhor dos casos, uma reunião de imagens a se admirar. Por outro lado, quem conhece as regras, como em qualquer jogo, fará bom uso de sua perspicácia, de sua atenção, de sua capacidade de observação e será capaz de realizar uma boa partida até o conhecimento.

O filósofo Fitche[1] faz uma interessante reflexão sobre como ler um texto científico:

---

[1] Johann Gottlieb Fichte, nascido em 1762, foi um filósofo alemão e um dos criadores do movimento filosófico conhecido como idealismo alemão, cuja obra é considerada uma ponte entre as ideias de Kant e as de Hegel.

"No que diz respeito, sobretudo, às obras científicas, o primeiro objetivo a ser perseguido durante sua leitura é entendê-las e conhecer historicamente a verdadeira intenção do autor. Para isso, é mister debruçar-se sobre a obra, mas não se render passivamente ao autor, deixando que ele nos influencie como quiser o acaso ou a sorte, ou nos faça dizer apenas o que ele deseja que seja dito; mas sim, como na imaginação da natureza, é necessário submeter a obra às perguntas que lhe fez o experimentador, e forçá-la a que não dê respostas sem pé nem cabeça, mas sim, responda à pergunta feita, e do mesmo modo, submeter o autor a um hábil e bem articulado interrogatório do leitor" (Fitche, 1976).

Esse "não se render passivamente" é uma atitude muito recomendável no processo de leitura dos livros informativos, pois, desta forma, o leitor contribui para a construção do significado. Frequentemente, se diz que esse gênero de livro atrai os leitores menos interessados em leitura de ficção ou aqueles que têm problemas de leitura. Se por um lado esta observação está correta, também é certo que o livro informativo — longe da didática escolar e sua insistência por um tipo de livro de ficção (com valores etc.) — oferece um espaço para a experimentação e a imaginação. Olhando suas imagens, saltando de uma página a outra, deixando-se seduzir por um tema, o leitor acaba por ter a impressão de que está diante de um objeto que pertence a uma categoria institucional da cultura que, ao mesmo tempo, lhe presenteia com o gosto pelo saber. Porém, ainda que se acredite que os livros informativos bastam para provocar ideias nas crianças, a realidade é que até o texto mais simples envolve uma complexa rede de interações.

Os livros informativos interessam às crianças por uma série de razões, desde a variedade de temas que podem se relacionar com a própria realidade até a possibilidade de encontrar textos curtos. Contudo, se este leitor não tiver apoio para melhorar sua habilidade leitora, não deixará de ser apenas um "folheador" de livros.

As crianças necessitam de ajuda sistemática para aprender a caminhar pelos livros utilizando todos os recursos que ele oferece: índices, páginas de conteúdo, organização geral. Além de receber informação, as crianças necessitam dar sentido e finalidade ao que leram, relacionando a leitura com sua própria experiência. Saber ler um texto científico é ser capaz de construir seu significado sintático e semântico, bem como seu significado científico. Portanto, uma tríplice leitura.

Já vimos que há autores de livros informativos que levam em consideração as ideias de seu público leitor. O pensamento das crianças interatua entre as informações que recebe, o que observa ao seu redor, o que apreende de sua própria experiência e sua capacidade de organizar todos esses elementos na tentativa de dar sentido ao novo (Delval, 2001). O leitor é um indivíduo que deveria ser tratado como um ser singular e não, como se costuma, por meio do plural genérico "crianças", que, em muitas ocasiões, unifica um mundo díspar e aleatório de interesses e gostos. Os livros informativos permitem esta singularidade graças a seus diferentes níveis de leitura, a ausência de exercícios e a possibilidade de encontrar sugestivas informações.

Em um curso presencial[2] com Betty Carter, citada com frequência neste livro, foi proposto um processo leitor que me parece muito sugestivo. Apresentou os seis passos para a criação e transformação de um leitor:

---

2 Promovido pelo Banco do Livro, em 1997, Caracas, Venezuela.

› 1   LEITOR EMERGENTE (0-5 ANOS)
Trata-se de um leitor que está descobrindo como funciona um livro. Em textos ficcionais, desconhece que a história tenha início, meio e fim: aprendem a conhecer esta estrutura e como funciona a linguagem.

Diante de textos informativos, estão em etapa de desenvolvimento. Gostam dos livros nos quais reconhecem coisas (abecedários, livros de objetos) e começam suas primeiras operações para comparar e diferenciar.

› 2   APRENDIZAGEM DA LEITURA ALFABÉTICA (5-6)
É um momento de grande emoção diante da conquista da nova capacidade. Devem ser oferecidos bons livros às crianças para que se sintam estimuladas e passem à etapa seguinte.

Em geral, costuma-se oferecer livros de histórias.

› 3   ILUSÃO CONSCIENTE (7-14)
Nesta fase, os leitores querem ler tudo, mas o fazem pela via mais fácil: mesmo tema, mesma estrutura.

Interessam-se por determinados temas e coleções e vão de um livro a outro quando motivados. Em geral, é nesta etapa que os mediadores começam a restringir as escolhas, oferecendo mais livros de ficção que informativos.

› 4   IDENTIDADE (12-14)
Trata-se de uma etapa em que se pratica a leitura pela identificação.

É comum pensar que os leitores desta fase gostem mais de ficção, mas a não ficção é muito apreciada em razão da conexão com temas da atualidade relacionados ao seu mundo pessoal.

› 5 SOCIEDADE (14-16)
Os leitores se interessam pelo que os outros pensam. Desejam conhecer como eles e o resto do mundo funcionam.

› 6 BELEZA (A PARTIR DOS 16)
Nesta etapa, descobre-se o sentido estético da linguagem. As vivências e emoções suscitadas pela leitura são mais profundas e duradouras.

Carter sugere que cada etapa seja cumprida e que não é recomendável que sejam antecipadas, pois quando o processo é interrompido, a continuidade torna-se mais difícil. Em relação à seleção, até nas etapas mais avançadas os leitores geralmente não sabem do que gostam e nunca sabem se vão gostar do que lhes será oferecido. Também desconhecem o que há disponível! Em muitas ocasiões, os leitores recebem livros de baixa qualidade e a consequência é que a leitura não avança. Quanto melhor e mais variados forem os livros, os leitores terão melhor recepção. Os livros informativos deveriam ser integrados naturalmente a estas leituras, como acontece com a ficção, e ao leitor caberia o direito de tomar suas próprias decisões.

Entre as diversas teorias que procuram explicar o que é a compreensão leitora, algumas delas são:

› O leitor compreende o texto quando é capaz de reconhecer o sentido das palavras e das orações que o compõem.
› A compreensão se dá quando a informação contida no texto se integra aos conhecimentos prévios ou esquemas do leitor, influenciando em seu processo de compreensão.

Neste caso, o leitor encontra esquemas apropriados para explicar o texto e tentar entender a informação: quando uma nova informação é recebida, os esquemas se reestruturam, se ajustam e se aprimoram.
› A leitura é um processo de transação entre o leitor e o texto (Rosenblatt, 1995) e o significado dependerá das transações efetuadas entre o leitor e o texto em um contexto específico.
› E, na atualidade: a compreensão leitora é o processo de elaborar o significado das ideias relevantes do texto e relacioná-las com as que possui, de maneira que, durante esse processo, o leitor interatue com o texto (citado por Carranza *et al.*, 2004).

Este último ponto está relacionado com a recepção do leitor, ou seja, considera o caráter aberto da significação e da ação do leitor, visto que é ele quem realiza e articula o caráter aberto da obra:

"Recepção implica toda atividade que se desencadeia no sujeito receptor, desde o entendimento puro até as múltiplas reações que suscita, e que incluem tanto o fechar abruptamente o livro, como decorar, copiar, presentear, escrever uma crítica ou, até mesmo, fazer uma viseira para um elmo e montar a cavalo" (Stierle, 1987).

Isso tudo é tão aberto! Nossa intenção não é rebater nenhuma das teorias que reforçam a ideia de que um leitor se forma, sobretudo, a partir do desenvolvimento da imaginação que a experiência da leitura oferece, mas sim ampliar esse conceito. Marc Soriano[3] (1995) fala sobre a identificação do leitor com o que lê: "dou risada e me emociono com o que acontece com um personagem, mesmo que não tenha com ele nenhum vínculo e que saiba muito bem que ele não exista". Esta emoção é o que a pesquisadora Louise Rosenblatt[4], em seu excelente livro *"A literatura como exploração"*, define como "leitura estética", ou seja, aquela que, de alguma maneira, nos comove.

> *"Um propósito estético requer que o leitor preste mais atenção aos aspectos afetivos. A partir da mistura de sensações, sentimentos, imagens e ideias se estrutura a experiência que constitui a narração, o poema ou a obra teatral".*

Em contraposição a esta leitura estética e referente à ficção se opõe uma leitura denominada — também por Rosenblatt — como "eferente", ou seja, "neste caso, nossa atenção se centra, principalmente, em selecionar e abstrair analiticamente a informação, as ideias ou as instruções para a ação que perdurará depois de concluída a leitura". Esta dualidade nas maneiras de ler é o que fez com que os livros informativos fossem classificados unicamente como textos dos quais se pode extrair informação, enquanto os literários oferecem a oportunidade de isolar-se do mundo real para sentir experiências estéticas e emocionais.

---

3   Marc Soriano, nascido no Cairo em 1918, foi pesquisador, professor e escritor. Dedicou grande parte de sua pesquisa aos contos de Charles Perrault e aos grandes temas da literatura infantojuvenil.

4   Louise Rosenblatt, nascida nos Estados Unidos em 1904, foi pesquisadora, escritora e professora universitária. Desenvolveu estudos inovadores na área da leitura e ensino da literatura.

Contudo, as experiências leitoras, como já se estuda desde o "descobrimento" do leitor como um ator importante na construção de significados, não se originam unicamente da intenção do autor ao escrever determinada obra, como também da motivação com que o leitor se coloca diante dela. Rosenblatt denomina este intercâmbio de transação, pois considera que o livro permanece sem significado até que um leitor lhe atribua. Este é o motivo pelo qual o leitor é considerado uma entidade única e um mesmo livro despertará diferentes sensações e emoções em diferentes leitores, dependendo de suas circunstâncias pessoais, sociais etc. O leitor, além disso, não é um simples receptor da obra, mas pode ser considerado um cocriador à medida que intervém para outorgar significados ao que lê.

Betty Carter (1999) sugere que ao leitor seja dada a oportunidade para decidir sua forma de ler, pois de fato é ele quem determina o tipo de leitura que realizará. Diante de um texto literário, um leitor que leia Julio Verne poderá se lembrar, mais tarde, de alguns dados técnicos e dos personagens principais: terá realizado, assim, uma leitura eferente, pois o que lhe interessava do texto eram informações precisas. Em contrapartida, diante de um livro informativo que trate de uma viagem à Lua, o mesmo leitor poderá se perguntar: O que terá sentido o astronauta ao pisar na Lua? E estará recorrendo às suas próprias emoções para dar sentido ao texto. Curiosamente, em muitas das atividades escolares ou de incentivo à leitura em que predominam os textos de ficção, o que se propõe, na maioria das vezes, são leituras predominantemente eferentes. Pennac[5] (1992) faz uma bem-humorada crítica a este modelo: "Vamos, me diga, o que aconteceu com o príncipe, hein? Estou esperando!". Em muitas ocasiões utilizam-se romances ou novelas exclusivamente como conteúdos para outras áreas do conhecimento: procurar no mapa onde Roma está localizada ou contar o número de metáforas presentes no texto.

A leitura de textos informativos — ou expositivos, como os denominam alguns linguistas — envolve dificuldades muito concretas que vão desde como extrair a informação principal até saber se orientar por um formato textual que nem sempre está ordenado da esquerda para a direita, como ocorre em livros com projetos gráficos mais arrojados. Os leitores precisam estar aptos não só no que diz respeito ao aparato paratextual dos livros e sua manipulação (índice, sumário, glossário etc.), mas, sobretudo, a ter uma atitude crítica diante do texto. Não basta se deixar levar pela trama e isolar-se do mundo ao redor, como podemos fazer com a ficção: o leitor de livros informativos precisa se situar diante da obra de maneira crítica, reconhecendo as intenções do autor sobre o que conta, averiguando por que ele opta por contar justamente o que conta, avaliando o grau de veracidade, fazendo previsões e inferências. No entanto, nas práticas de promoção da leitura, atende-se menos a estas necessidades formativas, distanciando os leitores de uma experiência leitora cada vez mais inevitável.

Naturalmente, seria desejável que os futuros cidadãos incluíssem entre suas atividades de lazer a leitura de obras

---

5 Daniel Pennac, escritor e crítico literário francês, nascido em Casablanca, Marrocos, em 1944.

de não ficção. Numerosos artigos sinalizam a distância cada vez maior dos cidadãos em relação à ciência em sociedades que, por sua vez, vivem intensamente no ritmo frenético dos descobrimentos tecnológicos. Desta forma, não seria tarefa também da formação de leitores abrir portas para textos que divulguem os conhecimentos e propiciem que o encontro com a ciência seja algo mais próximo e real?

Neste sentido, a teoria de Rosenblatt é muito sugestiva. Ela indica que os leitores reagem, basicamente, de duas maneiras distintas quando estão lendo: a eferente e a estética. Quando se fala em compreensão leitora de textos expositivos, os estudos se limitaram, na maioria dos casos, a pedir às crianças que resumam a "ideia principal" de um texto dado anteriormente, o que gera diferentes respostas e, inclusive, resultados contraditórios (Vidal-Abarca[6], 1990). É difícil determinar, portanto, em que idade as crianças serão capazes de explicar a ideia principal dos textos expositivos. Cada criança é a construtora de seu conhecimento com base em diferentes fatores que analisaremos a seguir.

Ao acompanharmos os trabalhos de Vidal-Abarca (1990), veremos que ele faz referência ao pesquisador van Dijk[7], para quem o objetivo final da compreensão leitora seria a "formação de uma macroestrutura textual", isto é, "uma descrição

---

6 Eduardo Vidal-Abarca é diretor do departamento de psicologia evolutiva e da educação na Universidade de Valência, Espanha, onde dirige o grupo de pesquisa Aprendizagem e Compreensão de Textos.

7 Teun A. van Dijk, nascido na Holanda em 1943, é linguista, professor, escritor, e importante pesquisador da teoria e da análise do discurso. Considerado um dos nomes mundialmente mais conhecidos e respeitados na área pela extensão e originalidade de seu trabalho, tendo inúmeros seguidores.

semântica do conteúdo do texto que possibilite uma coerência global do discurso". Existiriam, ainda, estratégias que constituiriam o "componente acima–abaixo (*top-down*) do processo interativo que ocorre durante a compreensão", permitindo ao leitor fazer inferências e antecipações sobre as ideias globais do texto. De um lado estariam as estratégias do leitor, derivadas de seu conhecimento prévio, e de outro, as do texto, como os sinais estruturais, as estratégias sintáticas daquele que divulga o conhecimento, os marcadores textuais, as estratégias semânticas e esquemáticas. A estrutura, a organização e o projeto gráfico de um texto de divulgação influenciam, como já vimos, na motivação e interesse por sua leitura.

A maioria dos editores trabalha seus livros nesta direção. A editora argentina Carla Baredes, da Editora Iamiqué, explicita:

"Cremos que um livro de divulgação científica para crianças não é um tratado sobre um tema científico nem um livro de estudos, mas um livro que uma criança vai ler por uma única e simples razão: porque deseja [...]. O autor não deveria se preocupar em demonstrar a seus pares o que sabe, mas fazer com que o leitor se interesse pelo que lê" (Baredes, 2009).

Muitos livros para crianças ajudam a ativar seus conhecimentos prévios, seja porque suscitam perguntas ou porque organizam a informação de maneira ordenada, para que o saber se construa pouco a pouco. Isso se revelou como uma maneira eficaz para a compreensão dos textos. Estar consciente dos conhecimentos ou ideias prévias, isto é, verificar se eles são fundamentados ou preconcebidos, inventados ou imaginados, situa melhor o leitor diante de novos conhecimentos e promove uma troca conceitual. Os leitores que, pouco a pouco, vão se tornando "especialistas" em um assunto, independente de qual seja a sua idade, assimilam melhor e de maneira mais organizada que os menos versados no tema.

Na medida em que o texto ajuste sua estrutura aos objetivos de quem escreve e sejam acompanhados de pistas que tornam evidentes essa estrutura, o processo de leitura "acima-abaixo" do leitor será facilitado. Se essas estruturas já estiverem na mente do leitor — ou puderem ser reconhecidas — os processos de compreensão e assimilação serão ainda mais favorecidos.

Algumas variáveis que afetam a formação dessa estrutura de leitura são:

› O GRAU DE ORGANIZAÇÃO DOS TEXTOS

A compreensão e a memorização são facilitadas quando o texto está bem organizado. Isto quer dizer que o leitor pode acompanhar com facilidade as ideias propostas e que a diagramação está pensada com este propósito.

Poder determinar o tipo de comunicação que o livro propõe é igualmente importante: se é um livro de consulta ou para ser lido de forma contínua, se a narrativa será utilizada, ou se o modelo será a HQ, o formato de jornal, capítulos independentes etc.

› O TIPO DE ESTRUTURA TEXTUAL OU ESQUEMA

Ainda que não exista um consenso geral sobre a classificação dos livros informativos, as mais citadas, segundo Téllez[8] (2005) são:

---

8 José Antonio Téllez é espanhol, professor universitário e pesquisador na área da psicologia da cognição, com foco na compreensão dos textos escritos.

> Classificação: o autor do texto destaca conceitos gerais, categorias que servem para organizar o texto. Apresenta-se a característica de cada classe e alguns exemplos. As expressões comumente usadas são: dividir em grupos, identificar as características de etc.
> Causalidade: apresentam-se relações entre ideias de causa e efeito. É muito comum nos textos científicos, matemáticos ou de ciências sociais. As expressões normalmente usadas são: porque, uma vez que, então, por conseguinte, em razão de, como resultado etc.
> Comparação/contraste: apresenta-se a comparação entre duas ou mais ideias, conceitos ou fatos, sejam baseadas em semelhanças ou em diferenças. As palavras-chave são: igual a, como, parecido com, diferente de, semelhante a etc.
> Problema/solução: um problema é apresentado no início do texto para o qual se apresenta uma solução ao longo dele. Quando consegue identificá-lo, o leitor pode fazer suas previsões. As palavras-chave são: a pergunta, uma possível solução, a explicação etc.
> Descrição: apresenta-se uma informação detalhada sobre algum tema, destacando suas características. Normalmente, encontram-se três tipos de texto:
> > generalização: descrição geral do assunto e desenvolvimento posterior mais detalhado. Palavras-chave: por exemplo, como etc.
> > enumeração: apresenta-se uma lista de acontecimentos ou características. Palavras-chave: primeiro, segundo etc.
> > sequência: descreve uma sucessão de feitos ou passos a serem seguidos. Palavras-chave: as etapas foram, o primeiro passo, a seguir etc.

Pode-se dizer que há estruturas textuais como causa/efeito e comparação/contraste que proporcionam melhor assimilação que outras (como a compilação ou enumeração), visto que as ideias estão mais bem conectadas.

› AS FRASES TÓPICAS
Trata-se da frase ou das frases que expressam a ideia principal do tópico ou do capítulo. Já vimos que muitos livros utilizam diferentes tamanhos de letra com esta finalidade, sendo o texto de letras maiores e com mais destaque o que introduz o tema. A ideia principal aparece logo em primeiro lugar e facilita a compreensão da estrutura textual.

› O TEXTO
As frases resumidas, os títulos, os cabeçalhos, a frase principal em destaque ajudam muito os leitores jovens ou iniciantes, porque permite que reconheçam a estrutura que se repete ao longo do livro. Compreender um texto informativo é dominar uma língua escrita e estar consciente de que o texto é escrito por um autor e transmite seu ponto de vista (Dour, 1985).

As marcas da estrutura do texto que favorecem a compreensão, isto é, aumentam a coerência, são:
› Organizar as ideias, procurando o desenvolvimento lógico e sequencial do conteúdo.
› Utilizar títulos que ressaltem a informação.
› Apresentar sínteses com as informações mais importantes.
› Destacar ideias principais por meio da utilização da tipografia.

> Colocar em diferentes parágrafos as diferentes informações temáticas.
> Oferecer palavras-chave que facilitem a relação entre as ideias.
> Escrever frases com sintaxe simples.
> Insistir na informação mais importante ou mais problemática.
> Colocar em segundo plano as ideias menos importantes ou irrelevantes.
> Separar ideias secundárias, por exemplo, quadros ou molduras. (Vidal-Abarca et al., 1994).

Outra iniciativa que ajuda os leitores é construir seu próprio esquema de conhecimento, que vai se firmando e se tornando inconsciente à medida que o leitor amadurece. O conhecimento seria, então, o resultado da apropriação consciente sobre a estrutura do texto, poder hierarquizar suas diferentes ideias, captar a ideia principal, esteja ela explícita ou implícita. Isso permitirá ao leitor buscar e acompanhar a organização do texto, concentrando-se na mensagem transmitida, relacionando os detalhes mais importantes com a estrutura. A memória não é um armazém de informação, mas um processo de reconstrução dela mesma com base em nosso conhecimento prévio (Téllez, 2005). A interação modifica as estruturas prévias e intervém na memória e na interpretação da realidade, o que nos ajuda a entender o caráter mutável de nosso conhecimento.

Uma dificuldade que se constatou nas leituras feitas pelas crianças, se refere ao uso limitado dos textos e à recorrência parcial dos conhecimentos prévios para integrar a nova informação (Carranza, 2004). Ou seja, saber se os leitores são capazes de diferenciar entre o assunto do texto ("do que ele trata") e a ideia principal ("o que se diz sobre o assunto"). Um leitor competente reconhece o texto que tem diante de si (narrativo, informativo, técnico) e elabora sua estratégia de leitura de acordo com o conteúdo do texto.

Assim, segundo Carranza (2004), um leitor competente é aquele que:

› Utiliza seus conhecimentos prévios para dar sentido à leitura. Ao retomar o que já sabe, atualiza e amplia sua rede de conceitos.
› Avalia sua compreensão durante seu processo de leitura. Por exemplo: diante de um parágrafo de difícil compreensão, reduzirá a velocidade da leitura para depreender melhor o significado do escrito.
› Corrige os erros de compreensão provocados por interpretações inadequadas.
› Identifica o que é relevante e é capaz de resumir a informação.
› Faz inferências durante toda a leitura, ou seja, tem habilidade para compreender determinado aspecto do texto a partir do significado do resto.
› Elabora hipóteses razoáveis sobre o que vai acontecer no texto.
› Formula perguntas enquanto lê o texto e assume responsabilidade por seu processo de leitura.

Aqueles que não são capazes de "ler" o texto desta maneira, empregam outra estratégia, conhecida como "estratégia de lista" ou "tópico-mais-detalhes", que se caracteriza por não ser sistemática e não incluir um plano de processamento do texto, de forma que a compreensão e a memorização acontecem em unidades separadas, com o único vínculo de se referir a um determinado tópico temático. A informação do texto é processada de maneira linear e encontra dificuldades para identificar aspectos globais.

Um leitor que fragmenta a informação adquirida na leitura terá mais dificuldade em selecionar, de seus conhecimentos prévios, aqueles que são mais importantes para integrá-lo à nova informação. O diferencial dos leitores capazes de ter um nível maior de compreensão (profunda) — que apreendem o geral e os detalhes — é, portanto, uma maior capacidade para relacionar informações novas em outros momentos: sua rede de associações está mais elaborada e hierarquizada; enquanto isso, o leitor novato só assimila fatos isolados. Como aponta Téllez (2005), a associação entre conceitos constitui a base de nossa atividade mental e favorece o pensamento criativo, ao distrair o pensamento concentrado. Cada novo vínculo pode nos levar a uma ideia nova.

As dificuldades mais frequentes para um leitor inexperiente são, segundo Sánchez Miguel[9] (s/d):

› Desconhecer o significado de alguma palavra.
› Perder o fio condutor das ideias (perde-se a continuidade e a conexão entre elas).
› Não saber o que o texto quer dizer (às vezes, não encontra a ideia que dá sentido ao texto: percebe que se trata de X, mas não se sente seguro sobre o que se está dizendo de X).

9 Emilio Sánchez Miguel é professor da faculdade de psicologia da Universidade de Salamanca, Espanha. Pesquisador e autor de numerosas publicações sobre a compreensão da linguagem escrita e oral na sala de aula.

> O conjunto não deixa ver os detalhes (reconhece que se fala de X, mas não consegue ver no texto a pretensão de um todo).
> Não reconhece e não sabe o que poderá aprender (o texto sempre parte de uma premissa de conhecimento prévio. Às vezes, adverte-se o leitor sobre quais são esses conhecimentos compartilhados ou reavivam-se as ideias).
> Sente insegurança de haver compreendido.

Por fim, vale a pena relacionar os elementos de estilo que ajudam as crianças a compreender melhor o texto. Vimos, no capítulo dedicado à divulgação, que algumas práticas são favoráveis:
> Incluir analogias que ajudem a formar imagens mentais sobre o tema.
> Apresentar ideias presumivelmente conhecidas pelos leitores para reduzir o trabalho de inferência e ajudá-los com as informações mais importantes do texto.
> Inserir perguntas para ativar os conhecimentos prévios que se refiram à informação principal. Sabe-se que muitos leitores têm dificuldades para transferir o que já aprenderam a situações diferentes das que originaram sua aprendizagem.
> Enfatizar conceitos que contradigam as concepções espontâneas ou preconcebidas dos leitores.
> Usar um estilo que amarre as ideias. Utilizar expressões como: por outro lado, pelo contrário etc.

11. A importância dos mediadores

Entendemos como mediador qualquer pessoa que intervenha entre os livros e as crianças: professores, bibliotecários, promotores de leitura e pais. No tocante aos livros informativos, pudemos ver a importância e a necessidade de mediar. Os livros não chegam sozinhos às mãos das crianças e, ainda que chegassem, sua leitura e interpretação podem ser facilitadas por um adulto.

O papel do adulto é fundamental em nosso propósito de oferecer diferentes leituras, cabendo a ele ajudar as crianças não só na compreensão dos textos mas também na apresentação de livros variados, com uma gama maior de temas. Para começar, os mediadores devem estar motivados e efetivamente interessados. E, além disso, precisam ser leitores assíduos de livros informativos e conhecer muito bem o que colocam nas mãos das crianças. Em geral, é o suficiente para que o mediador se sinta motivado, comece a ler livros informativos para crianças e esteja aberto a incluí-los em suas sugestões e práticas educativas.

Alguns dos erros mais frequentes ao trabalhar com livros informativos com as crianças são:
> A tendência a atribuir a elas um papel passivo, pedindo-lhes que encontrem as respostas que lhes foram formuladas por outros. As crianças têm poderosos mecanismos que as ajudam a interpretar o mundo que as cerca. Uma criança ativa e estimulada desenvolve teorias e nutre expectativas diante do que vai ler.

› A busca por informações não está acompanhada por uma motivação genuína que explique os propósitos e razões para que tal livro seja lido. Quando a leitura está contextualizada, as possibilidades de sucesso no que se refere à compreensão e ao interesse do leitor são maiores.
› Normalmente, se considera o trabalho com o livro algo individual e que é possível apenas aprender de forma colaborativa. Quando o trabalho é social e cooperativo, se aprende *de* e *com* os outros, as ideias se modificam e o diálogo lhes permite organizar seu pensamento e construir argumentos. Tornam-se mais flexíveis com suas ideias e são capazes de relacioná-las com os sentimentos dos demais. Isto estimula o processo para que a linguagem intervenha em seus argumentos.
› O papel do adulto se limita a colocar em prática algumas estratégias dirigidas à obtenção de respostas. E, na maioria dos casos, a pedir que leia com atenção ou que faça atividades muito genéricas ou sobre conteúdos secundários (Mallet, 1994 e 2003).

É necessário que o mediador interfira antes, durante e depois da leitura. E este assunto será tratado no próximo capítulo. No momento, o que nos interessa ressaltar é a importância do mediador e de sua motivação.

O mediador é aquele que seleciona e escolhe livros, é ativo e se apresenta como um modelo leitor que cria contextos para discutir e compartilhar ideias entre as crianças, estimulando-as a falar e escrever sobre o que leem.

Durante minhas oficinas, muitos mediadores já confessaram sua falta de preparação sobre alguns temas e sentem que não ter a resposta adequada à pergunta de uma criança é como deixar à mostra sua ignorância. Em uma entrevista, o filósofo francês Oscar Brenifier[10], criador de uma coleção muito interessante de filosofia para crianças, dá a seguinte resposta quando lhe perguntam o motivo pelo qual acredita que os adultos não incentivam as crianças a pensar:

> *"Isto está relacionado com a oposição entre saber e pensar. O saber lhe permite não pensar, uma vez que saiba algo. Por exemplo, se você sabe quanto é 2+2, não é necessário pensar, nem contar, nem pesquisar por que isso acontece. Você sabe e ponto. [...] Pensar é mais difícil, requer mais paciência e mais tempo. Platão diferencia-os como o caminho mais curto e o mais comprido. O curto corresponde ao dizer, com a transmissão de informações da cultura. Enquanto o comprido é maiêutico, incita a perguntar para que a criança ou adulto descubra ideias"* (Brenifier, 2009).

Brenifier complementa que quando uma criança pergunta a um adulto sobre a morte e se há vida depois dela, o adulto se sente desconcertado e não sabe o que responder. Estamos acostumados a ter ou a dar respostas imediatas às perguntas das crianças, mas em nosso trabalho com livros informativos a melhor estratégia é nos sentarmos junto a elas para pesquisar, mostrando-lhes que nós também precisamos nos repertoriar para responder, ou melhor, para chegarmos às respostas com elas. Uma atitude positiva e entusiasmada desperta nas crianças um aproximação afetiva e imaginativa,

---

10 Oscar Brenifier é um filósofo francês nascido na Argélia em 1954. Desenvolveu o conceito de Filosofia prática voltado, principalmente, à educação de crianças e jovens, tendo vários livros publicados. Desenvolve programas de formação e discussões filosóficas em oficinas, bibliotecas, centros culturais, empresas, penitenciárias etc.

e isso é tão importante quanto uma aproximação mais técnica ou analítica.

As dificuldades que os próprios adultos enfrentam em suas lacunas culturais podem ser resolvidas com um pouco de curiosidade e espírito aberto. Esta é nossa premissa para trabalhar com livros informativos. Muitos livros contemporâneos são propostas lúdicas que incentivam o trabalho com eles e nos surpreendem com suas informações. Às vezes, basta lê-los com calma para reconhecer suas possibilidades e perceber que podemos compartilhar com as crianças o entusiasmo que eles nos suscitaram.

> *"Afinal de contas, ninguém pode ser igualmente criativo na arte, nas ciências naturais, na música ou nos esportes. Se não temos a menor ideia do tema sobre o qual desejamos usar determinado livro, vale deixá-lo próximo das crianças, que elas saberão, talvez, o que fazer com ele"* (Curtil[11], 1994).

É importante que o mediador conheça a estrutura de um livro para que possa determinar seu nível de dificuldade e prever o que os leitores irão enfrentar. É evidente que as crianças precisam de ajuda para formular suas perguntas e fazê-las de maneira inteligente. Os adultos deveriam envolver-se com cada aspecto do processo de aprendizagem das crianças.

Para Luz María Chapela[12] (2010), os mediadores devem:

---

11 Sophie Curtil é artista plástica francesa e autora de várias coleções para crianças, uma delas criada e publicada para o Centro Pompidou, em Paris.

12 Luz María Chapela nasceu no México em 1945. Com formação em sociologia, educadora e coordenadora de institutos governamentais e não governamentais, é autora de livros de divulgação para crianças.

› Ter sempre em mãos o livro que estão lendo.
› Encontrar momentos para avançar na leitura.
› Conversar sobre suas leituras.
› Conhecer os livros de que as crianças gostam.
› Selecionar quatro ou cinco livros em torno de um mesmo tema ou pergunta.

Se o mediador lê e está atualizado a respeito das preferências das crianças, poderá ajudá-las a ampliar a experiência leitora com textos mais complexos a fim de que elas possam, cada vez mais, aprimorar suas leituras e análises.

Um dos nossos objetivos ao difundir os livros informativos é atribuir importância ao conhecimento. Neste sentido, são muito valiosas as considerações de Gérard Fourez[13] sobre a divulgação científica em geral:

› Usar conceitos científicos e integrar valores e saberes para tomar decisões responsáveis na vida cotidiana.
› Compreender que a sociedade exerce controle sobre as ciências, assim como as ciências e a tecnologia imprimem sua marca na sociedade.
› Reconhecer tanto os limites como a utilidade das ciências e das tecnologias no progresso e no bem-estar do ser humano.
› Conhecer os principais conceitos, hipóteses e teorias científicas e ser capaz de aplicá-los.
› Apreciar o saber por meio do estímulo intelectual que provoca.

13 Gérard Fourez, nascido em 1937, é um filósofo francês licenciado em filosofia e matemática, doutor em física teórica, professor universitário, pesquisador e autor de vários livros que percorrem diversas áreas do conhecimento.

> Compreender que a produção de saberes científicos depende, por sua vez, de processos de pesquisa e de conceitos teóricos.
> Saber reconhecer a diferença entre resultados científicos e opiniões pessoais.
> Compreender as aplicações da tecnologia e as decisões que decorrem de sua utilização.
> Extrair de sua formação científica uma visão de mundo mais diversa e interessante.
> Possuir alguma informação sobre os modos de produção das ciências e das tecnologias ao longo da história.

Para o saber nas áreas das humanidades (Arte, Música, História, Ciências Sociais etc.), as mesmas premissas também se aplicam, com acréscimo de uma, muito importante: reconhecer a diversidade, os diferentes aspectos sociais e históricos que marcaram as culturas e ter uma visão mais ampla e relativa da evolução do ser humano. Assim como Gardner[14] (1999) gosta de dizer, é importante "explorar com profundidade um conjunto de conquistas humanas fundamentais que façam justiça à venerável frase 'o verdadeiro, o belo e o bom'". Um bom mediador é como um bom livro informativo: faz com que o leitor pense e sinta com profundidade.

Muitos leitores adultos ainda se lembram de quando se encontraram com livros de ciência em sua infância. Livros que marcaram suas leituras e, inclusive, suas vocações, como

---

[14] Howard Gardner, nascido nos Estados Unidos em 1943, é um premiado pesquisador na área da psicologia cognitiva. Reconhecido pela Teoria das inteligências múltiplas, é escritor de inúmeros livros traduzidos em mais de 30 idiomas.

o cientista Medawar[15] (1979), quando responde à pergunta sobre o que o levou a se tornar cientista:

> *"Certamente me comoveram e persuadiram os escritos de Julio Verne e de H.G. Wells, além de enciclopédias, não necessariamente aquelas luxuosas, que cruzam o caminho das crianças curiosas, que leem incessantemente e consultam livros constantemente. Também me ajudaram as obras de ciência popular: livros baratos — na verdade, baratíssimos — sobre estrelas, átomos, a terra, os oceanos e temas similares".*

Por todas essas razões, não podemos descartar, como mediadores, nenhum livro informativo: alguns serão mais completos que outros, mas qualquer um deles, inclusive os baratíssimos, podem cruzar, com um pouco de sorte, o destino de algum leitor. Ler livros informativos é uma maneira de mostrar ao leitor que ele pode controlar sua própria vida.

---

15 Sir Peter Brian Medawar foi um biólogo britânico nascido no Brasil em 1915. Recebeu o Prêmio Nobel de Fisiologia ou Medicina de 1960 por pesquisar o sistema imunológico dos animais.

12. Ideias para o uso de livros informativos em casa, na escola e na biblioteca

Neste capítulo, ofereceremos algumas atividades que podem ser realizadas com os livros informativos e que costuma ser um momento muito esperado em meus cursos de formação.

Um aspecto importante é, como já abordamos, introduzir livros informativos em nossa prática cotidiana. Os livros de não ficção podem ser usados em aulas de história, geografia, ciências ou matemática e, inclusive, ser lidos na "hora da história" ou antes de dormir. O que desejamos reforçar, se o objetivo é desenvolver um pensamento crítico, é a necessidade de atuar antes, durante e depois da leitura para favorecer todos os processos de compreensão do texto e ajudar os leitores a se familiarizar com os livros e seus discursos.

Retomemos rapidamente o significado da expressão "incentivar a leitura".

› Ler é uma atividade voluntária, e apenas se é leitor quando se constrói uma estratégia para escolher, para ir de um livro a outro segundo necessidades e interesses.
› A promoção da leitura não é um espetáculo nem uma ação para um grande público.
› Uma indicação, um conselho, não é uma ação que promova a leitura.

› A ação promotora da leitura se estabelece em um grupo em que haja troca e garanta a oportunidade de que todos se expressem e sejam escutados.
› A promoção da leitura não é tangível e seus resultados não se medem.
› O mediador trabalha ao mesmo tempo em que a aprendizagem acontece.
› Mais que aprendizagens, as ações de promoção de leitura provocam memórias afetivas: momentos, imagens, lembranças, emoções que deseja reviver com a releitura. Toda leitura evoca.
› O promotor de leitura é, antes de tudo, um leitor que transmite sua paixão pelos livros. Não é um acumulador de estratégias e técnicas.
› A promoção da leitura tem como objetivo tomar consciência de que ler é criar uma cultura: não se lê para ser leitor, para ganhar uma etiqueta de qualificação. Não é apenas lendo por ler que se chegará a ser leitor.
› Quando falamos de criar uma cultura, falamos da complexidade e da riqueza de possibilidades.
› A promoção da leitura se dirige às crianças que estão se formando, que se encontram em uma fase de aprendizagem intensiva sobre a qual recebem influência do meio social e familiar.
› A promoção da leitura não pode ignorar o entorno.
› A promoção da leitura trabalha para ajudar o leitor a passar do prazer ao desejo e do desejo à necessidade.
› A promoção deve ensinar à criança que uma leitura nunca é algo isolado em sua experiência de leitor.

As atividades que serão apresentadas a seguir são uma amostra do que se pode fazer, mas cada mediador pode escolher aquelas com as quais se sinta mais confortável, ou que sejam possíveis, levando em consideração o acervo de livros ou as características do grupo com o qual trabalha.

O papel do mediador não é o mesmo que o do professor da sala de aula que, todos os dias, pode fazer uma atividade, ainda que pequena, ou até mesmo do bibliotecário, que recebe as crianças espontaneamente. É preciso que nos sintamos em casa e nos concentremos nas atividades que nos pareçam mais simples de realizar. É importante, também, perder o medo de realizá-las e, de forma alguma, iludir-se de que são atividades para se realizar uma única vez. Muitas vezes, corremos atrás da inovação, sem levar em conta que as crianças apreciam a rotina e adoram repetir as atividades de que mais gostam.

Para a sugestão destas atividades, consultei propostas de Baró[16] e Colomer[17] (1993), Miret[18] (s/d), Sullivan (2001), Téllez (2005), Wray[19] (1997), e acrescentei outras tantas de minha experiência pessoal.

---

16 Monica Baró é espanhola. Bibliotecária e doutora em documentação, pesquisou e publicou títulos sobre as relações biblioteca e escola.

17 Teresa Colomer é doutora em Ciências da Educação e coordenadora do Grupo de Pesquisa de Literatura Infantil e Juvenil e de Educação Literária (Gretel) da Universidade Autônoma de Barcelona (UAB), na Espanha.

18 Maia F. Miret é desenhista industrial e divulgadora de Ciências. Editora e escritora de livros informativos para crianças, gosta de escrever especialmente para os menores.

19 David Wray é professor de Ensino e Aprendizagem de Leitura e Escrita na Universidade de Exeter, na Inglaterra. Escreveu vários livros sobre linguagem, leitura e escrita.

ATIVIDADES QUE ANTECIPAM A LEITURA

› RODA DE LIVROS

Trata-se de apresentar uma pequena seleção de livros interessantes. Para isso, procuram-se livros variados, de gêneros diferentes, com ilustrações atraentes ou personagens familiares.

Muitas crianças não leem porque estão convencidas de que não existem livros que lhes possam interessar. Pensam que todo livro é igual ao livro didático ou apenas tiveram acesso a livros difíceis e complexos. Ao apresentarmos outros livros, estamos dizendo às crianças que existem temas variados e interessantes. Nenhuma criança fica indiferente quando lhe mostramos um livro que trata de um maquetista que monta dinossauros em um museu, ou um livro sobre invenções malucas.

A roda de livros deveria ser periódica e regular e sua apresentação, dinâmica: conta-se um pouco da história, lê-se a quarta capa, comenta-se sobre as personagens, fala-se sobre o autor.

Podemos, neste momento, estimular as inferências (o que vamos encontrar): deduzir o conteúdo a partir do título, imaginar quem narra tomando-se por base a capa ou pensar no tema que o livro apresenta. É importante envolvê-las nesta atividade para que as crianças desenvolvam o costume de realizá-las com qualquer livro.

Quando alguma criança afirma que já conhece o livro ou o tema, é importante incentivá-la a dar sua opinião.

Em um segundo momento, as próprias crianças podem preparar a atividade para a roda de leitura.

› OUTRAS MANEIRAS DE APRESENTAR O LIVRO

Se há livros novos (na biblioteca, por exemplo), pode-se fazer uma "seção de novidades" antes de colocá-los nas estantes, deixá-los em destaque em suportes ou expostos em lugares estratégicos.

Além disso, podemos elaborar guias de leitura, tomando como base um tema da atualidade. Depois do acidente nuclear ocorrido anos atrás no Japão, por exemplo, muitas crianças desejavam conhecer mais sobre aquele país e sobre as usinas nucleares. Casos como esse são uma boa porta de entrada para fazermos uma seleção de livros.

Não se trata de fazer uma lista de livros, mas sim, uma seleção cuidadosa, cuja apresentação deve ser atraente, mostrando ilustrações e capas.

Quando possível, podemos também fazer cópias do guia para compartilhar.

› ATIVAR OS CONHECIMENTOS PRÉVIOS: O QUE JÁ SE SABE SOBRE O TEMA?

Todos os pesquisadores são unânimes em afirmar que é muito importante ativar o que o leitor já sabe sobre o tema que será lido. Este procedimento é, também, um termômetro muito útil para detectar os conhecimentos que as crianças possuem e saber de onde eles provêm; serve, ainda, para observar as diferenças de opinião que trazem antes da leitura.

Vamos nos deter um pouco mais neste ponto. A ação educativa não consiste em ignorar ou suprimir os conhecimentos prévios, mas estimulá-los e desenvolvê-los a fundo para que possam ser integrados aos novos saberes.

Em uma interessante pesquisa sobre a compreensão leitora em textos de não ficção, Alejandra Pellicer[20] (1992) trabalhou com crianças a interpretação que davam a textos sobre o descobrimento da América.

Uma menina escreveu sobre "A Conquista":

"Cristóvão Colombo levou as meninas, a pinta e a Santa e chegou à terra com São Salvador e veio a pinta e deram-lhe a sua menina".[21]

Outro menino do mesmo grupo escreveu o seguinte sobre "A viagem de Cristóvão Colombo":

"Cristóvão Colombo que comprou três barcos que se chamavam a menina a santa maría e a Pinta. Que foi com alguns inimigos até a terra e levavam bem pouquinha comida e acabavam morrendo de fome e não podiam chegar a terra dos reis".

Por meio destes exemplos, torna-se muito interessante observar as explicações dos fatos baseadas em interpretações particulares do texto: no primeiro, os nomes foram confundidos com pessoas, no segundo, talvez pelo fato de os objetivos prévios não terem sido fixados, a ênfase recaiu sobre um feito menor (ter pouquinha comida). Perguntas prévias aos alunos teriam permitido que eles se concentrassem no tema principal, e não em detalhes.

---

20 Alejandra Pellicer é doutora em Ciências, especialista em pesquisas educativas e psicolinguísticas, como o processo de aquisição da língua escrita e leitura.

21 A tradução procurou reproduzir as especificidades do texto das crianças, tanto na linguagem quanto na sintaxe.

A pergunta que devemos fazer é "O que você já sabe sobre o tema?". Quanto mais coisas as crianças souberem sobre um tema, melhor incorporarão novos conhecimentos. A aprendizagem que não se baseia naquilo que já se conhece é uma aprendizagem de memória que se esquece logo.

Para saber a respeito dos conhecimentos prévios das crianças, bastam algumas perguntas para identificar suas opiniões sobre o tema (O que eu trago?). Com isso, é possível sabermos o que conhecem, conduzir o diálogo para ajudá-las, detectar ideias equivocadas e falar sobre elas. É importante deixar que todas as crianças participem e respeitar todas as respostas dadas. Deixe que elas próprias se façam perguntas do tipo: E você, o que pensa disso?

É possível, também, promover uma "chuva de ideias" espontânea e verbal. Pode ser individual ou em pequenos grupos, desde que, na sequência, se construa, conjuntamente, um mapa de ideias que estabeleça relações entre elas. Neste mapa aparecerão palavras-chave que nos permitirá observar, em um primeiro momento, que as crianças sabem mais do que aparentam, além da bagagem que trazem de outras vivências.

Essa "chuva de ideias" abre espaço à realização de previsões: o que vamos rever, o que gostaria de encontrar, como deveria ler o texto. Com as palavras-chave, podemos fazer as primeiras associações: "Diga-me tudo o que pensam sobre X".

É possível, ainda, fazer uma reflexão sobre as associações: "O que o faz pensar nisso?". Perguntas como estas obrigam as crianças a pensar na origem dessas relações, a buscar suas referências, verificar a lógica e afinar suas associações.

Para finalizar, pode-se propor: "Alguém quer acrescentar algo a essa primeira resposta?", "Alguém tem alguma ideia nova?".

Esse tipo de atividade também é muito produtiva para os mediadores, pois lhes permite entender e classificar a natureza dos conhecimentos e, tomando-se por base as respostas, estabelecer três categorias:

> › Crianças com muitos conhecimentos: podem dar conceitos, definições, estabelecer analogias e relações entre as ideias. Uma vez neste nível, pode-se passar para a leitura do livro.
> › Crianças com conhecimentos medianos: fornecem exemplos, atributos ou dão características importantes de caráter genérico. Estando neste ponto, é bom que os conceitos sejam esclarecidos antes de ler o livro.
> › Crianças com poucos conhecimentos: estabelecem associações apoiadas em prefixos, sufixos ou na raiz das palavras. Trazem exemplos que escutaram ou comentam somente experiências pessoais. Neste caso, é necessário propor algumas atividades gerais sobre o tema para preparar a leitura.

› A HORA DA HISTÓRIA

Sim, podemos incluir livros informativos na hora da história. Afinal, as obras divertidas não existem apenas na ficção! Ler para aprender e aprender a ler acontecem de maneira simultânea, assim, não há motivo para excluir livros de não ficção deste tipo de atividade, destinada, quase exclusivamente, aos livros literários. Muitos tipos de texto podem ser funcionais, divertidos e instigantes. As crianças são curiosas por natureza e desejam conhecer o mundo que as cerca, de modo que não as aborrece de forma alguma saber sobre dados e fatos.

Ao incluir estes livros na hora da história, conseguiremos que o interesse pela informação aumente e que as crianças se familiarizem com o texto expositivo. Ray Doiron[22] (1994) faz algumas considerações importantes a este respeito:

› Comece com livros que você aprecie. Procure livros excelentes e recomendados ou que sejam de temas apreciados pelas crianças. Peça recomendações a outros professores ou mediadores especializados em livros infantis. Os guias elaborados por instituições ou especialistas podem ser muito úteis.
› Leia o livro antes de compartilhá-lo com as crianças, assim conhecerá o conteúdo e estará mais preparado para que a leitura seja mais efetiva.
› Procure informações prévias sobre o tema do livro; dessa forma terá uma maior perspectiva sobre o assunto.
› Esteja preparado para uma discussão sobre o tema: aproveite o estímulo da leitura para ativar o pensamento crítico e confrontar opiniões. Uma grande qualidade dos livros informativos está no fato de desenvolverem o pensamento crítico, de modo que as crianças se tornam mais ativas no processamento da informação.
› Preste atenção nos autores, ilustradores e aqueles que viabilizaram a publicação do livro. Fale sobre a data de publicação e que houve apoio de especialistas ou instituições. Isto permitirá entender o estilo, o formato e os argumentos. Muitos autores conquistaram o apreço das crianças por sua criatividade, originalidade e comprometimento.
› Nem todos os livros de não ficção devem ser lidos do começo ao fim. Pode-se ler um capítulo que pareça

---

22 Ray Doiron é professor e pesquisador da Faculdade de Educação na University of Prince Edward Island, no Canadá.

interessante ou trechos da obra que despertem o interesse das crianças e as motive à leitura do livro inteiro.
> O prazer está na variedade. Utilize diferentes portadores em sua leitura: artigos de revista, de jornal, uma receita ou manual de instruções para fazer algo.
> Use livros informativos com formato narrativo, pois são excelentes pontes entre a ficção e a não ficção. Além dos livros narrativos, há vários gêneros que podem ser lidos em voz alta, como as biografias, os livros de viagem, os diários, os relatos verídicos de aventuras que ajudam a dar vida a informações que, de outra maneira, poderiam entediar as crianças.

> OS MAIORES LEEM PARA OS MENORES

Esta atividade se torna muito interessante quando o trabalho é desenvolvido com crianças de diferentes níveis leitores (inclusive irmãos ou colegas de diferentes classes): os maiores se preparam para ler em voz alta para os pequenos. Obviamente, a atividade precisa ser preparada e a seleção de livros deve se relacionar ao interesse dos mais novos.

Há muitas crianças maiores que se sentem inseguras com a leitura e esta atividade lhes dá muita confiança, pois podem ler textos mais simples e, ao mesmo tempo, se sentem reconhecidas durante a atividade.

Esta proposta ainda permite aos leitores maiores considerar os menores, e estes, por sua vez, deixem de ver os grandes como se pertencessem a outro grupo da escola.

Recomenda-se, ainda, realizar esta atividade com certa periodicidade.

Por fim, é aconselhável escutar os pedidos dos pequenos,

tanto em relação aos temas e autores, como se desejam que as leituras sejam repetidas. É importante, também, que seja uma atividade voluntária, sem imposição aos maiores; ao contrário, pode ser até interessante que o mediador peça "ajuda" para realizar a atividade.

› RECONHECER O GÊNERO

Esta atividade prevê que se separe duas ou três pilhas com aproximadamente dez livros, separadas da seguinte maneira: oito possuem temas comuns e dois tratam de outros assuntos.

A quantidade de livros pode variar de acordo com o número de crianças e da disponibilidade dos títulos sobre um mesmo assunto. Na sequência, pede-se às crianças que procurem os livros que têm algo em comum de acordo com algumas dessas características:
> Livros escritos por autores estrangeiros ou nacionais.
> Assunto/tema.
> Biografias ou outros gêneros.

Ao encontrarem os livros, é hora de pedir às crianças que os observem atentamente e escolham aquele que será lido, justificando a escolha feita.

› ADIVINHA

Nesta atividade, escolhe-se um livro e, antes que seja lido, estimula-se o levantamento de hipóteses com as crianças:
> Mostramos a capa e tentamos elaborar hipóteses sobre conteúdo.
> Tomando como ponto de partida o título e o nome do autor, pensamos em qual história nos será contada.

> Observamos o índice e pedimos que contem qual parte do livro lhes pareceu mais interessante.
> Fazemos o mesmo com as ilustrações do miolo ou sobre o tema.
> Lemos o início do livro e pedimos que nos digam o que vai acontecer na sequência.

› ENCONTRAR O LIVRO ESCONDIDO

Nesta atividade, o mediador faz uma cópia do trecho de um livro e pede a um aluno que o leia em voz alta.

Não se revela o título nem o nome do autor, e a leitura é feita uma única vez. As crianças podem tomar nota se quiserem.

Caso o grupo seja hábil na busca, o livro do qual o fragmento foi extraído pode ficar junto aos outros que tratam de temas parecidos para desafiar e promover uma observação mais atenta.

A atividade consiste em encontrar o livro de onde o fragmento foi retirado.

ATIVIDADES DURANTE A LEITURA

Há livros que se leem pelo puro prazer do texto ou do tema. Neste caso, é importante estar atentos às dúvidas das crianças: se não entendem uma palavra ou se o livro é muito complexo. Vale também perguntar aos pequenos leitores o que os motivou à leitura de determinado livro. Por exemplo, saber o tamanho dos dinossauros, ou o ano em que o homem pisou na Lua, ou sobre a vida de algum explorador. Uma vez que o leitor tenha encontrado o foco de seu interesse, pode-se perguntar como vão proceder:

› Procurando nos índices.
› Lendo a quarta capa.
› Explorando vários livros sobre o tema até a seleção de um deles.

Esta atividade envolve folhear vários livros para encontrar o que estão procurando. Pode-se dizer que as crianças fazem uma leitura rápida, como costumam fazer os adultos, até localizar o que as interessa. Ao ler alguns fragmentos de maneira geral para verificar se compreendemos o livro, estaríamos fazendo uma leitura superficial.

Esta atividade, durante a primeira fase da leitura, ajuda as crianças a traçar suas estratégias de leitura em função de seus interesses. Os leitores eficientes tomam decisões sobre o texto, continuando a leitura ou mudando de livro, se o que tem em mãos não o satisfez.

› SER ATIVOS DURANTE A LEITURA

É preciso incentivar as crianças a perguntar sobre palavras que não entenderam ou quando não compreenderam um parágrafo. Também precisam saber que o texto não deve ser lido integralmente, se estão à procura apenas de um dado concreto.

Em caso de dúvidas, podem consultar um dicionário ou perguntar a um adulto para que o significado da palavra lhes ajude na compreensão global do texto.

Devem saber ainda que diante de um trecho difícil é melhor reduzir a velocidade da leitura. Os leitores proficientes fazem isso de forma inconsciente, mas para os menos experientes, é sempre bom lembrá-los de que a rapidez não é o que mais importa, mas sim, a compreensão.

> FAZER ANOTAÇÕES

Uma boa proposta é incentivar as crianças fazerem anotações durante a leitura. É frustrante para os professores ver como as crianças "copiam" trechos de livros quando fazem as lições. Isto significa que nunca tiveram estímulo para fazer suas próprias anotações e para elaborar com sua linguagem o que estão lendo.

Os mediadores deveriam ser um exemplo disso durante a própria atividade. Pode-se pedir a uma criança que leia um fragmento em voz alta enquanto o mediador escreve suas notas em um lugar visível, de forma que todos tenham um modelo e entendam melhor a atividade.

Pode-se também, durante a leitura de um texto em voz alta, pedir às crianças que anotem o que é dito sobre um determinado tema. Se lemos algo sobre viagens à Lua, podemos pedir que anotem, por exemplo, as coisas sobre a vida cotidiana de um astronauta: o que come, seus horários, sua rotina etc.

> O QUE VOCÊ ACHA DISSO?

Um dos objetivos de promovermos os livros informativos é o desenvolvimento do pensamento crítico, ou seja, saber que o livro tem um ponto de vista e foi escrito por um autor, com o qual podemos — ou não — estar de acordo.

Esta reflexão é feita por leitores competentes, capazes de avaliar um texto enquanto o leem. Existe a crença generalizada de que "se está em um livro, então é verdade", mas acreditamos que não é tão bom ensinar as crianças a acreditar em tudo o que leem. A publicidade e a propaganda, por exemplo, baseiam suas ações em leitores não autônomos e que, portanto, não possuem uma distância crítica em relação àquilo que leem.

É difícil para uma criança pensar que um texto escrito por um adulto seja passível de desconfiança, mas o mediador deve ajudá-la a avaliar quando um texto apresenta informação confusa ou tendenciosa, para não dizer incorreta.

Uma boa estratégia é ler para elas um material antigo com conteúdos que atualmente se considerariam incorretos ou ultrapassados. Panfletos de propaganda, um livro sobre política ou textos sexistas, como aqueles que ditavam o comportamento de meninos e de meninas, permitem conduzir muito bem um debate que mostre a relativização da informação.

ATIVIDADES PARA DEPOIS DA LEITURA

› CONVERSAR

Quando vamos ao cinema, gostamos de compartilhar nossa impressão sobre o filme. Ao fazer isso, não estamos desenvolvendo apenas uma atividade de comunicação, mas também elaborando nossa opinião. Explicar nosso ponto de vista aos outros nos ajuda a nos apropriarmos de nossas próprias ideias.

Com a leitura acontece o mesmo. Se as crianças ainda não desenvolveram essa capacidade comunicativa, limitando-se a um "gostei muito", sem dar argumentos, podemos propor um diálogo depois da leitura, durante o qual serão estimuladas a expressar o que a leitura lhes provocou, criando assim uma "conversa literária" e fomentando critérios próprios sobre o que se lê.

Muitos mediadores se sentem incomodados ao preparar essa conversa, pois não sabem como se aproximar do gênero. Enquanto na literatura encontramos muitos recursos disponíveis, nos textos de não ficção é comum que não saibamos por onde começar, limitando a discussão muitas vezes a uma pergunta genérica: "O que vocês acharam?".

Relaciono a seguir algumas questões que ajudam a preparar nossa opinião sobre um texto e favorecem o desenvolvimento do pensamento crítico:

> Como teria sido esse livro se fosse escrito há dez anos?
> Comparado a outro livro sobre o tema: em que são diferentes? Qual deles prefere? Por quê?
> Em qual parte você considerou o livro mais científico? Por quê?
> Em sua opinião, quais podem ter sido os procedimentos adotados pelo autor para escrever este livro? (Documentação, inspiração, leituras etc.).
> Como seria o livro se fosse destinado a crianças maiores ou menores?
> O que julga ser a mensagem que o autor deseja transmitir?
> Se tivesse a oportunidade de entrevistar o autor, o que lhe perguntaria?
> Cite três fatos, ideias ou teorias que você achou interessantes no livro. Se não o tivesse lido, poderia encontrar a informação? Justifique se sim ou se não.
> Observe novamente o título apresentado na capa: após ter lido o livro, acha que de fato corresponde ao que o livro trata?
> Que outro título você daria ao livro?

Como observamos, a lista de perguntas pode ser grande, variada e muito interessante para as crianças (e para os mediadores!). As discussões que um livro informativo provoca podem ser tão apaixonantes quanto as promovidas por um livro de ficção. Nosso papel como mediadores é alimentar o debate e perguntar, escutar as crianças e fazer com que elas se escutem umas às outras. O filósofo Brenifier (2009) traz uma importante contribuição ao expor seu método de trabalho para que as opiniões sejam diferentes das ideias:

> "Quando a criança fala, eu lhe pergunto: 'Ah, e você, por que disse isso?'. Isto é, eu propicio a argumentação. Se outra diz: 'Não concordo com ele', eu devolvo: 'Espere um pouco: o que ele disse mesmo? E você, o que diz? Qual é a diferença?'. Ou seja, busco a análise. Quando uma criança fala alguma coisa, também posso sugerir: 'Quem tem uma pergunta a fazer a seu colega?' e ver se, efetivamente, a criança consegue responder à pergunta. Se esta exigência não existe, se não há este rigor, a conversa não passa de um intercâmbio de opiniões: um fala, outro fala, outro fala... [...]. A filosofia precisa ensinar a diferenciar uma opinião de uma ideia. As opiniões são como os pelos das axilas, crescem. Todo mundo tem mil opiniões. As ideias, em contrapartida, requerem trabalho, conceituação, rigor, exigência".

Realizando essas atividades com frequência e com o espírito que nos propõe Brenifier, estaremos preparando as crianças para que sejam leitores ativos, capazes de se aprofundar no conteúdo de suas leituras.

› EU RECOMENDO

Tão importante quanto falar sobre um livro, escrever sobre ele ajuda a expressar o que compreendemos e nossa visão sobre os fatos. Uma atividade muito simples e prática é ter um quadro de recomendações. As crianças devem escrever em uma ficha ou em um pedaço de papel por que gostaram de determinado livro. Podem fazer um resumo, comentar detalhes do livro, explicar o motivo pelo qual o tema lhe pareceu interessante etc. Além disso, podem ser incentivadas a criar um *slogan* com uma frase que resuma os pontos altos do livro.

Esta atividade pode ser ampliada, por exemplo, com a elaboração de uma lista de livros recomendados para leitura de férias, ou como sugestão de presente de Natal ou de aniversário. O mediador pode ajudar a fazer um guia com as imagens das capas, em forma de um folheto, para que seja impresso, fotocopiado e distribuído nas bibliotecas ou livrarias da região, além de compartilhar com as pessoas da própria escola ou instituição.

> O ESPECIALISTA RESPONDE

Esta é uma atividade lúdica que encanta as crianças. Depois da leitura coletiva de um livro (na hora da história, por exemplo), uma das crianças se senta em uma cadeira e as demais lhe fazem perguntas para que esclareça passagens, recorde fatos ou retome alguns trechos. Para que as crianças possam preparar as perguntas é importante que tenham feito anotações. Dessa maneira, a hora da história pode ser usada, de vez em quando, para esta finalidade. As crianças saberão que suas anotações serão utilizadas depois para elaborar perguntas sobre o conteúdo e se preparam para esta atividade.

As crianças têm predisposição natural a fazer perguntas e com esta atividade propiciamos que a surpresa e a admiração permaneçam vivas, enquanto o grupo se dedica à atividade de propor perguntas. Com este processo, incentivamos as crianças a confiar em sua capacidade de pensar, produzir ideias e também avaliar. Elas buscam em si mesmas as respostas, sem esperar que um adulto as formule por elas sem que tenham a possibilidade de contestar.

COMENTÁRIOS FINAIS

Por último, gostaria de dar algumas dicas gerais sobre o espírito da mediação e a importância dos pequenos detalhes. São dois decálogos muito visitados em meu *blog* e que me parecem perfeitos para finalizar este livro.

Estes destinam-se aos bibliotecários:

› **AS CRIANÇAS SÃO COMO PEQUENOS MOTORES**
Pensemos nas crianças como locomotivas: elas têm energia para ir a todos os lugares, mas poderão ir sozinhas apenas onde haja trilhos. O pequeno período do dia em que estarão na biblioteca é o tempo no qual você poderá controlar seu percurso. Sua atitude diante da leitura e da aprendizagem poderá marcar as crianças durante todo o período escolar ou, quem sabe, por toda a vida. Mas como proceder? Suas ações é que devem transmitir a mensagem, não suas palavras. Se o bibliotecário reúne livros de ficção e de informação em suas atividades, a maior parte dos leitores aprenderá que ler é um processo natural, necessário, e uma parte importante da rotina.

› **AS BIBLIOTECAS NÃO SÃO APENAS PARA OS BIBLIOTECÁRIOS**
Retire os livros da estante, coloque-os sobre mesas, nos beirais das janelas, em sua mesa de trabalho; utilize algumas caixas para selecionar os assuntos. Cada superfície horizontal pode ter livros em exposição. Assim, quando as crianças entrarem na biblioteca nunca se sentirão perdidas, sem saber por onde começar. Experimente, costuma dar um bom retorno.

> DEIXEM QUE AS CRIANÇAS ESCOLHAM

Quando as crianças começam a selecionar seus próprios livros, nunca diga a elas: "Este livro é muito difícil/fácil para você". Todos os livros são bons para serem lidos ou admirados. Nós, adultos, também gostamos de olhar as fotografias de um livro cujo texto nunca vamos ler, ou nos aproximamos dos livros informativos para crianças com a intenção de ler algo sobre um tema que nos é pouco familiar. As crianças se comportam como nós: olham os desenhos, folheiam o índice, leem alguns títulos, se detêm em um capítulo... É importante dar às crianças a mesma liberdade: um livro é como uma recompensa. As crianças não podem saber quais livros são "corretos", se elas mesmas não puderem descobrir os que não são.

> EMPRESTE LIVROS, E NÃO PÁGINAS

Agora que os livros "gordos" estão na moda, é necessário fazer campanha pelos livros "magros". Há muitos livros pequenos cujas páginas contam grandes histórias. Ajude as crianças a entender que a qualidade não tem relação com o tamanho. Uma boa analogia é recorrer ao quadro de Mona Lisa, de Leonardo da Vinci, que mede apenas 77 cm x 53 cm.

> LER É MAIS IMPORTANTE QUE CLASSIFICAR

Para as crianças pequenas, tudo é real: os brinquedos, os monstros, o que comem e o que sonham. Quando começam a crescer, passam a compreender a diferença entre o real e o desejado. E não importa como denominemos esse processo, o que conta é que seja possível abrir os olhos das crianças para a boa literatura, seja ela popular, contemporânea, clássica, prosa, poesia, ensaios e livros informativos. Em nosso trabalho estamos sempre classificando e a dicotomia que empregamos costuma ser: livros de ficção e de não ficção. Esta divisão, que é muito clara para os adultos, não é tão evidente para as crianças, que experimentam emoção igual com livros ilustrados, livros sobre carros ou romances. Às vezes, traçar a linha é o mais complicado. Na realidade, o rótulo que você coloca nos livros não é o mais importante.

> LER EM VOZ ALTA É UM RITUAL

Ler em voz alta não deveria ser uma atividade para preencher um tempo que sobrou. Planeje este tipo de atividade pelo menos uma vez na semana com livros de ficção e de informação, livros-álbum, de fotos, de poesias, de jogos e de adivinhas. Também podem ser lidos em voz alta um artigo de revista, uma notícia de jornal ou algum texto de livro para adultos de que tenhamos gostado. Não importa que as crianças/jovens não entendam todas as palavras, mas sim que se aproximem do fluxo da linguagem, do literário, de um novo vocabulário que lhes ajude a ampliar sua riqueza linguística.

> OS LIVROS INFORMATIVOS TAMBÉM PODEM SER LIDOS EM VOZ ALTA

Os diários de Anne Frank, procedimentos sobre a reciclagem na atualidade, informação sobre espécies em extinção, não importa o assunto. As crianças são como esponjas para a informação. Sentem-se fascinados pelo saber e por estar informadas. Também querem conhecer coisas sobre o mundo real. Em muitas situações, os livros informativos são o melhor caminho para começar uma conversa sobre livros com crianças que já leem, com outras a quem a leitura interessa pouco, ou até mesmo com visitantes esporádicos da biblioteca.

> SEMPRE INFORME SOBRE SUAS ATIVIDADES

É muito importante envolver os pais, os professores, a comunidade: faça uma lista de livros recomendados para as férias, envolva as famílias para continuar a leitura em casa. Incentive os professores a retirarem livros de suas disciplinas da biblioteca.

> MANTENHA O ACERVO VIVO E ATUALIZADO

Não tenha receio de ter livros "velhos", que pareçam desatualizados. Um livro antigo de mapas fornecerá muitas emoções aos leitores que gostam de deixar a imaginação voar. É importante saber quais seções da biblioteca estão com menor número de livros ou desatualizados (por exemplo, os técnicos) para completá-las, mas leve sempre em consideração que um livro "velho", mostrará muitas facetas curiosas que não serão encontradas nos livros modernos.

> AS CRIANÇAS

O entusiasmo com que transmitimos nosso interesse pela leitura e pelos livros influenciará diretamente na percepção das crianças. Temos a oportunidade de ajudar as crianças a conectar os livros com a vida real e imaginária, e precisamos aproveitar todas as ocasiões, sem desperdiçá-las. As crianças não são, como se diz normalmente, um copo que precisa ser preenchido, mas sim um fogo que precisa ser atiçado.

E a seguir, algumas considerações para os professores e mediadores em geral:

> TODOS OS PROFESSORES PODEM PROMOVER A LEITURA

Não importa qual seja sua área, ciências ou letras. Costuma-se pensar, de maneira geral, que as atividades de leitura são conteúdo exclusivo dos professores de língua, mas não é verdade. Em todas as disciplinas se lê, e sobre todas elas há livros maravilhosos para serem descobertos.

> AMPLIE SUA IDEIA DE LEITOR

Leitor é quem lê um romance, mas também quem lê um texto científico, uma HQ, um jornal ou o *Livro Guinness dos Recordes*.

> PERGUNTE

Pergunte todos os dias a seus alunos sobre o que estão lendo. Talvez, a princípio, muitos não participem da conversa, mas se a pergunta é feita diariamente, e se todas as respostas forem aceitas — e não importa o que digam sobre o que estejam lendo — em breve haverá um grupo comentando sobre suas leituras. Mas não promova esta conversa como um exercício, mas de uma forma leve e espontânea.

> VALORIZE O ESFORÇO

Não julgue o que as crianças leem. Valorize o esforço e, sobretudo, conheça o que interessa a elas. Quem sabe você se anime e também leia algo de que as crianças gostam no momento.

> COMPARTILHE

Compartilhe também suas leituras com as crianças. Se estiver gostando de um livro, fale brevemente sobre ele. Socializar é um dos fundamentos da promoção da leitura. Você pode dar uma explicação sobre os autores, comentar sobre seu estilo ou sobre o tema. Com isso, você oferece um modelo para que as crianças realizem seus próprios comentários.

LEIA EM VOZ ALTA DURANTE A AULA
Leia um fragmento, um recorte de jornal, uma notícia relacionada à sua disciplina. Tudo vale para despertar o gosto pela leitura. Incluir livros na prática diária significa que a leitura é algo natural, necessária e faz parte do cotidiano.

› **TUDO É VALIDO**
Se você dá aulas de Ciências, de Filosofia ou de Artes, procure oferecer, de vez em quando, um livro dirigido à idade de seus alunos: uma biografia, um ensaio de divulgação científica, uma revista, um artigo.

› **ESCUTE AS PREFERÊNCIAS DAS CRIANÇAS**
Quando os alunos começarem a se sentir estimulados a comentar sobre suas leituras, por que não escolher, às vezes, um dos livros entre os quais se mostraram interessados?

› **SEJA RECEPTIVO**
Com suas recomendações e o interesse que você demonstra pelas leituras de seus alunos, eles se sentirão valorizados e você será mais que a/o "prof" da classe. Será considerado alguém diferente e especial.

› **DEIXE SUA MARCA**
Em cada atividade de leitura, seus alunos devem se lembrar de você como uma pessoa comprometida e apaixonada. Não é esse, também, um dos objetivos da educação? Incentive os

alunos a viver com paixão e entusiasmo. Será uma lição que levarão para a vida toda e que sempre estará relacionada diretamente com os livros.

Bibliografia

Aguilar, Manuel. *Una experiencia editorial (1923-1973)*. Madri: Aguilar, 1972.

Alsina, Fidel A. *La imaginación razonada (La actividad del investigador científico)*. Barcelona: Montena Aula, 1989.

Alvarado, Maite. *Paratexto*. Buenos Aires: Universidad de Buenos Aires, 1994.

Anno, Mitsumasa. *La capacidad de preguntar*. Memorias 27º Congreso IBBY. Bogotá: Fundalectura, 2001.

Antoine, Aline. Le politiquement correct et les livres documentaires pour la jeunesse. *BBF*, t. 49, n. 6, 2004.

Baeza, Pepe. *Por una función crítica de la fotografía de prensa*. Barcelona: Gustavo Gili, 2001.

Barbieri, Daniele. *Los lenguajes del cómic*. Barcelona: Paidós, 1998.

Barceló, Miquel. *Ciencia, divulgación científica y ciencia ficción*. Disponível em: http://quark.prbb.org/11/. Acesso em: 11 out. 2015.

Baredes, Carla. ¿Un libro de ciencias para niños es un librito de ciencias? *Educación y Biblioteca*, n. 171, 2009.

Baró, Mónica. Libros de conocimientos para el fin del milenio. *CLIJ*, n. 127, 2000.

Baró, Mónica e **Colomer**, Teresa. *Formar para informarse*. Madri: Celeste Ediciones, 1996.

Baron-Carvais, Annie. *La historieta*. México: Fondo de Cultura Económica, 1985.

Becerra, Natalia e **Charria**, María Elvira. *Los niños investigadores y la obra documental*. Bogotá: Cerlalc/Procultura, 1992.

Benito Morales, Félix. Nuevas necesidades, nuevas habilidades. Fundamentos de la alfabetización en información. In: Gómez Hernández: *Estrategias y modelos para enseñar a usar la información. Guía para docentes,* *bibliotecarios y archiveros*. Murcia: Editorial KR, 2000.

BIANUCCI, Piero. L´imaginario scientifico infantile. *Schedario*, n. 1, 1990.

BLÁZQUEZ, Carmen. Cómo disfrutar del arte sin ser un artista. *Educación y Biblioteca*, n. 45, 1994.

BRAVO GALLART, Silvia. *Breve valoración de las publicaciones de divulgación científica*. Disponível em: http://www.bcn.cat/medciencies/latalaia/n6/cast/indicadors.htm. Acesso em: 11 out. 2015.

BRENIFIER, Oscar. La práctica filosófica con niños. *Educación y Biblioteca*, n. 171, 2009.

BROCKMAN, John (Ed.). *La tercera cultura. Más allá de la revolución científica*. Barcelona: Tusquets, 1996.

BROUZENG, Paul. La science en questions. *Nous Voulons Lire!*, n. 76, 1988.

BROWNE, Anthony. Discurso de aceptación del Premio Andersen. Memorias 27º Congreso IBBY. Bogotá: Fundalectura, 2000.

CALSAMIGLIA, Helena. *Divulgar: itinerarios discursivos del saber*. Disponível em: http://quark.prbb.org/7/estrella.htm. Acesso em: 11 out. 2015.

_____. Apuntes sobre la divulgación científica. Un cambio de registro. *Textos*, n. 8, 1996.

CARO, Paul. *Las imágenes de la ciencia*. Disponível em: http://quark.prbb.org/9/. Acesso em: 11 out. 2015.

CARR, Jo (Coord.). *Beyond Fact. Nonfiction for Children and Young People*. Chicago: American Library Association, 1982.

CARRANZA, Miriam. CELAYA, Gabriela, HERRERA, Julio e CAREZZANO, Fernando. Una forma de procesar la información en los texos científicos y su influencia en la comprensión. *Revista Electrónica de Investigación Educativa*, v. 6, n. 1, 2004. Disponível em: http://redie.uabc.mx/redie/article/view/91. Acesso em: 11 out. 2015.

Carreras, Concepció. Libros científicos actuales y comprensibles. *CLIJ*, n. 10, 1989.

Carter, Betty. Historia objetiva: la no ficción en el programa de ciencias sociales. *Nuevas Hojas de Lectura*, n. 1, 2003.

_____. *Los libros de información: del placer de saber al placer de leer.* Caracas: Banco del Libro, 2001.

_____. *Lectura eferente. La importancia de los libros de información.* Caracas: Banco del Libro, 1999.

_____. Análisis de los libros de no ficción para niños y adultos jóvenes: posición, erudición y estructura. In: Betsy Hearne and Roger Sutton (Eds.): *Evaluating Children´s Books: a critical look.* Illinois: University Illinois, 1993. (Traducción facilitada por el Banco del Libro, Caracas)

Carter, Betty e Abrahamson, Richard F. *Nonfiction for young adults from delight to wisdom.* Phoenix: The Orix Press, 1990.

Cassany, Daniel. Expertos en aspectos superficiales, los nativos digitales tienen dificultades para construir significados. *Clarín, Revista Eñe*, 5 ago. 2011. Disponível em: http://www.clarin.com/tema/daniel_cassany.html. Acesso em: 11 out. 2015.

Ceccarelli, Marcello e Fabbrichesi, Luisa. *El niño y la ciencia.* México: Fondo de Cultura Económica, 1985.

Chapela, Luz María. *Dime y dirás. Los menores de siete años como lectores y autores.* México: Ediciones SM/Consejo Puebla de Lectura, 2010.

Chirino, Marta. *El sueño de la bióloga artista.* Disponível em: http://www.infoecologia.com/Biodiversidad/bio2004_2006/Chirino.htm. Acesso em: 11 out. 2015.

Cobb, Vicki. The Value of a "Good Read". In: *Vital Connections. Children´s, Science and Books.* Portsmouth: Library of Congress, 1991.

Coblence, Jean-Michel. Créer des livres, choisir des images. *La Revue des Livres Pour Enfants*, p. 175–6, 1997.

Cordero, Mario. Si fa presto a dire divulgazione. *Sfoglialibro*, n. 5, 1991.

Correa, Jaime *et al. El cómic, invitado a la Biblioteca Pública.* Bogotá: CERLALC, 2010.

Cuadrado, Jesús. *De la historieta y su uso*. Madri: Fundación Germán Sánchez Ruipérez, 2000.

Curtil, Sophie. L´art en jeu, un parcours original d´education artistique. *La Revue des Livres Pour Enfants*, p. 155–6, 1994.

Danset-Léger, Jacqueline. *L´enfant et les images de la littérature enfantine*. Bruxeles: Pierre Mardaba, 1988.

Darnés, Antonia. *Comprensión lectora. El uso de la lengua como procedimiento*. Barcelona/Caracas: Graó/Editorial Laboratorio Educativo, 2001.

Defourny, Michel. *De quelques albums qui ont aidé les enfants à découvrir le monde et à refléchir*. Paris: L´école des Loisirs, 2003.

Delval, Juan. *Descubrir el pensamiento de los niños*. Barcelona: Paidós, 2001.

Doiron, Ray. Dejar que los hechos hablen por sí mismos: uso de la no ficción en programas de lectura en voz alta. *Nuevas Hojas de Lectura*, n. 1, 2003.

Dowd, Frances S. Trends and Evaluative Criteria of Informational Books for Children. *Journal of Youth. Services in Libraries*, v. 4, n. 1, 1990.

Duckworth, Eleanor. *Ideias: maravilha em educação e outros ensaios em ensino e aprendizagem*. Lisboa: Instituto Piaget, 1991.

Hornung, Helmut. Wann ist ein Sachbuch gut? Dank des Preisträgers. *Julit*, n. 4, 1993.

Dorfman, Ariel e Mattelart, Armand. *Para ler o Pato Donald. Comunicação de Massa e Colonialismo*. Trad. Álvaro de Moya. Rio de Janeiro: Paz e Terra, 2010.

Dour, Jacq-Le. Algunos jalones de la lecturainformación. *GFEN*, 1985.

Eco, Umberto. *Apocalípticos e integrados*. Trad. Pérola de Carvalho. São Paulo: Perspectiva, 2008.

_____. Algunas razones para leer. In: *Millán, José Antonio* (Coord.), 2002.

_____. El mago y el científico. *El País*, 15 dez. 2002. Disponível em: http://elpais.com/diario/2002/12/15/opinion/1039906807_850215.html. Acesso em: 11 out. 2015.

Escarpit, Denise e Vagné-Lebas, M. La aventura del mundo. La literatura de información científica y técnica. Los documentales. *Educación y Biblioteca*, n. 27, 1992.

Escolano Benito, Agustín (Dir.). *Historia ilustrada del libro escolar en España*.

De la posguerra a la reforma educativa. Madri: Fundación Germán Sánchez Ruipérez, 1998.

Feynman, Richard P. *Qué significa todo esto. Reflexiones de un ciudadano-científico*. Barcelona: Crítica, 1999.

_____. *The Pleasure Of Finding Things Out* — video. Disponível em: http://www.dailymotion.com/video/x24gwgc_richard-feynman-the-pleasure-of-finding-things-out_news. Acesso em: 11 out. 2015.

Fierro, Julieta. Julieta Fierro explica la pornografía del universo. *La Jornada*, 02 jan. 2002.

Fisher, Margery. *Matters of Fact. Aspects of non-fiction for children*. Leicester: Brockhampton Press, 1972.

Fitche, Johann G. Los caracteres de la Edad Contemporánea. *Revista de Occidente*, Madri, 1976.

Fontcubierta, Joan. *Naturaleza y fricción. Fotografía, naturaleza, artificio*. Murcia: Mestizo A.C., 1998.

Fourez, Gérard. *Alfabetización científica y tecnológica. Acerca de las finalidades de la enseñanza de las ciencias*. Buenos Aires: Colihue, 1994.

Franklin, Jon. El fin del periodismo científico. Disponível em: http://quark.prbb.org/11/011053.htm. Acesso em: 11 out. 2015.

Freund, Gisèle. *La fotografía como documento social*. Barcelona: Gustavo Gili, 1993.

García Padrino, Jaime. Antecedentes históricos del libro documental en España. *Educación y Biblioteca*, n. 91, 1988.

Gardner, Howard. *La educación de la mente y el conocimiento de las disciplinas. Lo que todos los estudiantes deberían comprender*. Barcelona: Paidós, 2012.

Garralón, Ana (Coord.). Taller libro informativo: qué, cómo, cuándo. (Dossier). *Educación y Biblioteca*, n. 147, 2005.

_____. Denominemos, nombremos, designemos, llamemos o bauticemos... *Educación y Biblioteca*, n. 147, 2005.

_____. Sobre la curiosidad y la formación de lectores. A propósito de los libros informativos. Conferencia leída en el Primer Congreso Nacional de Lectura y Escritura celebrado en Durango, maio 2004. Inédita.

_____. (Coord.). El libro informativo en América Latina I. *Educación y Biblioteca*, n. 141, 2004.

_____. (Coord.). El libro documental. (Dossier). *Educación y Biblioteca*, n. 91, 1998.

_____. Piedra, papel... ¡Arte! *Educación y Biblioteca*, n. 45, 1994.

_____. (Coord.). El libro documental III. (Dossier). *Educación y Biblioteca*, n. 31, 1992

_____. (Coord.). El libro documental II. (Dossier). *Educación y Biblioteca*, n. 29, 1992.

_____. El mundo en sus manos. Algunas orientaciones para elegir libros documentales. *Educación y Biblioteca*, n. 29, 1992.

_____. (Coord.). El libro documental: otra lectura. *Educación y Biblioteca*, n. 27, 1992.

GAULTNEY, Victor. *El equilibrio entre legibilidad y economía en el diseño de tipos*. Disponível em: http://www.unostiposduros.com/legibilidad-y-economia-en-el-diseno-de-tipos/. Acesso em: 11 out. 2015.

GEORGE, Jean Craighead. Science Is Stories. In: *Vital Connections.Children's, Science and Books*. Portsmouth: Library of Congress, 1991.

GFEN. *El poder de leer*. Barcelona: Gedisa, 1985.

GODFREY, Janie. Le documentaire artistique. *Nous Voulons Lire!*, n. 131, 1999.

GOLDENBERG, Carol. An Interview with Peter Kindersley. *The Horn Book Magazine*, v. 68, 1992.

FRANCO, Raquel. Comunicar la ciencia: comunicar una mirada crítica. Una conversación con Diego Golombek. *Educación y Biblioteca*, n. 171, 2009.

GOMBRICH, Ernst. *La imagen y el ojo. Nuevos estudios sobre la representación pictórica*. Madri: Debate, 2000.

GÓMEZ HERNÁNDEZ, José (Coord.). *Estrategias y modelos para enseñar a usar la información. Guía para docentes, bibliotecarios y archiveros*. Murcia: Editorial KR, 2000.

GOULETQUER, Pierre. Préhistoires et livres pour enfants. *La Revue des Livres Pour Enfants*, p. 126-7, 1989.

GRAVES, Donald H. *Investigate Nonfiction*. Ontario: Irwin Publishing, 1989.

GUÉRIN, Claude. La divulgación científica y técnica para la juventud. Evolución y situación actual del libro de conocimientos científico y técnico. In: *Parmegiani, Claude-Anne*, 1993.

GUIRAULT, Yves. La science par la bande. *Argos*, n. 9, 1992.

HAMILTON, Janet. What Makes a Good Science Book? *The Horn Book Magazine*, maio/junho, 2009.

Harris, Colin. Elegir un atlas. *Educación y Biblioteca*, n. 147, 2005.

Jacobi, Daniel. *Les sciences communiqués aux enfants.* Grenoble: Presses Universitaires de Grenoble, 2005.

Kobrin, Beverly. *Eyeopeners II. Children´s Books to Answer Children´s Questions About the World Around Them.* New York: Scholastic, 1995.

_____. *Eyeopeners! How to Choose and Use Childrens-books about Real People, Places and Tings.* New York: Viking Penguin Inc., 1988.

Lázaro Martínez, Angel J. Libros de consulta y biblioteca de aula. In: *Escolano Benito, Agustín* (Dir), 1998.

Le Van Ho, Mireille. La historia en los libros de conocimientos para niños. In: *Parmegiani, Claude-Anne*, 1993.

León Pablo, José Miguel. *Ciudad y cómic.* Barcelona: Centre de Cultura Contemporànea, 1998.

Lortic, Élisabeth. La explosión del libro de arte para niños. In: *Parmegiani, Claude-Anne*, 1993.

_____. Los bebés, las ciencias y los libros. *Educación y Biblioteca*, n. 31, 1992.

_____. Entrevista a Iela Mari. *Educación y Biblioteca*, n. 96, 1998.

Lorenz, Konrad. *Ele falava com os mamíferos, as aves e os peixes.* Portugal: Europa–América, 1997.

Malet, Antoni. *Divulgación y popularización científica en el siglo XVIII: entre la apología cristiana y la propaganda ilustrada.* Disponível em: http://www.raco.cat/index.php/quark/article/viewFile/54958/65460. Acesso em 11 out. 2015.

Mallet, Margaret. *Early Years Non-Fiction. A Guide to Helping Young Researchers use and enjoy Information Texts.* London: RoutledgeFalmer, 2003.

_____. *Reading Non Fiction in the Primary Years: A Language and Learning Approach.* Sheffield: The National Association for the Teaching of English (NATE), 1994.

_____. *Making Facts Matter. Reading NonFiction 5-11.* Londres: Paul Chapman Publishing Ltd., 1992.

Marina, José Antonio. *Teoria da inteligência criadora.* Trad. Antônio Fernando Borges. Rio de Janeiro: Guarda–Chuva, 2009.

Massarani, Luisa. *La divulgación científica para niños.* Disponível em: http://quark.prbb.org/17/017040.htm. Acesso em 11 out. 2015.

Massota, Óscar. *La historieta en el mundo moderno*. Barcelona: Paidós, 1982.

Medawar, Sir Peter Brian. *Consejos a un joven científico*. México: Fondo de Cultura Económica, 1995.

Meek, Margaret. *En torno a la cultura escrita*. México: Fondo de Cultura Económica, 2004.

_____. Nuevos comienzos. *Nuevas Hojas de Lectura*, n. 1, 2003.

_____. *Information & Book Learning*. London: Thimble Press, 1997.

Michel, François. La ciencia que se mueve. *Educación y Biblioteca*, n. 27, 1992.

Millán, José Antonio (Coord.). *La lectura en España. Informe 2002*. Madri: Federación de Gremios de Editores, 2002.

Miret, Maia F. *Los sistemas del mundo: los libros de ciencia para niños* – s/d. (Documento inédito facilitado pela autora).

Montull Domingo, Román. La ilustración en el libro documental de temática científica. Una experiencia particular. *Educación y Biblioteca*, n. 91, 1998.

Morales, Montserrat. Libros de arte. *CLIJ*, n. 59, 1994.

Morison, Stanley. *Principios fundamentales de la tipografía*. Barcelona: Ediciones del Bronce, 1998.

Muñoz, Pili. La voix des enfants. *La Revue des Livres Pour Enfants*, n. 147, 1992.

Mut, Rosa. Les arts contemporànies en els llibres d´imatges per a infants. *Faristol*, n. 39, 2000.

Mourey, Jo. Des mises en scène splendides du savoir. *Les actes de lecture* n. 69, 2000.

Munier, Roger. *Contre l´image*. Paris: Gallimard, 1989.

Nava González, Javier. Leer mejor para leer más. In: Jesús Anaya Rosique (Comp.): *Senderos hacia la lectura*. Memoria del Primer Seminario Internacional en torno al fomento de la lectura. México: Instituto Nacional de Bellas Artes, 1990.

Neate, Bobbie. *Finding out about finding out. A practical guide to Children´s information books*. Winchester: Infopress, 1992.

Paladin, Luigi e **Pasinetti**, Laura. El arte de la divulgación. Viaje por los libros de divulgación para niños y jóvenes. *Libros de México*, n. 54, 1999.

Parmegiani, Claude–Anne (Dir.). *Lecturas, libros y bibliotecas para niños*. Madri: Fundación Germán Sánchez Ruipérez, 1985.

Patent, Dorothy H. Science Books for Children: an Endangered Species? *The Horn Book Magazine*, v. LXXIV, n. 3, 1998.

Patte, Geneviève *Deixem que leiam*. Trad. Leny Wernek. Rio de Janeiro: Rocco, 2012.

Pellicer, Alejandra. *Los descubrimientos de Cristóbal: historias sobre una historia*. México: Secretaría de Educación Pública, 1992.

Pennac, Daniel. *Como um romance*. Trad. Leny Werneck. Rio de Janeiro: Rocco, 1997.

Pérez del Real, Rafael. Situación y perspectivas de los libros científicos para niños. *Educación y Biblioteca*, n. 91, 1998.

Pfitsch, Patricia C.. *Open Minds: Nonfiction for the Very Young*. Disponível em: http://www.underdown.org/prek_nf.htm. Acesso em: 11 out. 2015.

Pissard-Mirabel, Annie. Bruno Munari, transparente, cortante y suave como la hierba... *Educación y Biblioteca*, n. 104, 1999.

Pinguilly, Yves. L´art et l´enfant. *Griffon*, n. 103, 1989.

Poesio, Carla. Le fascino della Pietra. Intervista di Carla Poesio a David Macaulay. *Liber*, n. 22, 1994.

Postigo, Yolanda e **Pozo**, Juan Ignacio. Cuando una gráfica vale más que 1.000 datos: la interpretación de gráficas por alumnos adolescentes. *Infancia y Aprendizaje*, n. 90, 2000.

Quintanal Díaz, José. Tratamiento complementario de la lectura en el aula. Consideración que ha de recibir en otras áreas que no sean las de lengua. *Aula de Información Educativa*, n. 34, 1995.

Raichvarg, Daniel. Passé, présent et avenir d´un genre: le livre scientifique pour les jeunes. *Griffon*, n. 157, 1997.

Robert, Alain. La mise en scene du savoir scientifique dans les livres documentaires. Disponível em: http://ife.ens-lyon.fr/publications/edition-electronique/aster/ASTER_1987_4_65.pdf. Acesso em: 11 out. 2015.

Rodríguez Diéguez, José Luis. *Las funciones de la imagen en la enseñanza*. Barcelona: Gustavo Gili, 1977.

Rosenblatt, Louise. *La literatura como exploración*. México: Fondo de Cultura Económica, 2002.

Sacks, Oliver. *Tio Tungstênio — memórias de uma infância química*. Trad. Laura Teixeira Motta. São Paulo: Companhia das Letras, 2002.

Sánchez Miguel, Emilio. *La comprensión de los textos como una experiencia reflexiva: dos propuestas para la didáctica de la lengua*. Disponível em: http://dialnet.unirioja.es/servlet/autor?codigo=162745. Acesso em: 11 out. 2015.

Sánchez Ron, José Manuel. *Historia de la ciencia y divulgación*. Disponível em: http://quark.prbb.org/26/026007.htm. Acesso em: 11 out. 2015.

Semir, Vladimir de. *Aproximación a la historia de la divulgación científica*. Disponível em: http://quark.prbb.org/26/026004.htm. Acesso em: 11 out. 2015.

Schweinitz, Eleanor von. Los libros de información para niños. *Educación y Biblioteca*, n. 60, 1995.

_____. Navigating with a Faulty Compass. *Books for Keeps*, n. 91. Disponível em: http://booksforkeeps.co.uk/issue/91/childrens-books/articles/other-articles/navigating-with-a-faulty-compass. Acesso em: 11 out. 2015.

Siino, H. *Le livre documentaire: modéles et reeprésentations*. Ponencia presentada en Seminario de Literatura Infantil. Bruxelas, maio, 1989.

Silva Díaz, María Cecilia. El libro documental y las nuevas tecnologías. *Transiciones. Educación y Biblioteca*, n. 91, 1998.

Sontag, Susan. *Sobre fotografia*. Trad. Rubens Figueiredo. São Paulo: Companhia das Letras, 2004.

Soumy, Jean-Noël. En la pista de los libros de información. In: *Parmegiani, Claude-Anne*, 1985.

Spink, John. *Niños lectores*. Salamanca: Fundación Germán Sánchez Ruipérez, 1989.

Stierle, Karlheinz. ¿Qué significa "recepción" en los textos de ficción? In: Mayoral, José Antonio: *Estética de la recepción*. Madri: Arco Libros, 1987.

Sullivan, Ed. Some Teens prefer the Real Thing: The Case for Young Adult Nonfiction. *English Journal*, v. 90, n. 3. Disponível em: http://www.jstor.org/stable/821307?seq=1#page_scan_tab_contents. Acesso em: 11 out. 2015.

Sulston, John. Entrevista. *La Vanguardia*, 17 nov. 2011.

Suzuki, David. *Metamorfosis. Etapas de una vida*. Barcelona: Labor, 1990.

Téllez, José A. *La comprensión de los textos escritos y la psicología cognitiva. Más allá del procesamiento de la información*. Madri: Dykinson, 2005.

Tracqui, Valérie. Comment sensibiliser les jeunes a la nature et l'environnement? Le concept éditorial des Editions Milan. *Nous Voulons Lire!*, n. 107, 1994.

Triggs, Pat. Perfeccionar el mensaje. Cómo crea Aliki los libros de informaciónpara niños. *Educación y Biblioteca*, n. 147, 2005.

_____. Where do Information Books come from? *Books for Keeps*, n. 36. Disponível em: http://booksforkeeps.co.uk/issue/36/childrens-books/articles/other-articles/where-do-information-books-come-from. Acesso em: 11 out. 2015.

Vich, Sergi. *La historia en los cómics*. Barcelona: Glénat, 1997.

Vidal-Abarca, Eduardo. Un programa para la enseñanza de la comprensión de ideas principales de textos expositivos. *Infancia y Aprendizaje* n. 49, 1990.

Vidal-Abarca, Eduardo; **Sanjosé**, Vicente e **Solaz**, Juan José. Efectos de las adaptaciones textuales, el conocimiento previo y las estrategias de estudio en el recuerdo, la comprensión y el aprendizaje de textos científicos. *Infancia y aprendizaje*, p. 67-8, 1994.

Vidal-Folch, Ignacio y **España**, Ramón de. *El canon de los cómics*. Barcelona: Glénat, 1997.

Vilches, Lorenzo. *La lectura de la imagen*. Barcelona: Paidós, 1992.

VVAA. El cómic. Santander: *Revista Platero*, p. 88-9, 2009.

Wagensberg, Jorge. Apasionado Gould. *La Vanguardia*, 30 jun. 2004.

Wray, David y **Lewis**, Maureen. *Aprender a leer y escribir textos de información*. Madri: Ediciones Morata, 2000.

Zeleman, Hugo. Necesidad de pensar y sus desafíos éticos. In: Cómo crear lectores para el futuro. *Suplementos Anthropos*, n. 45, 1994.

CRÉDITO DAS IMAGENS

Imagem 1: *Artistas famosos – Miró*, de Nicholas Ross. Editora Callis.

Imagem 2: *Como e por que se faz arte*, de Elizabeth Newbery. Editora Ática.

Imagens 3 e 4: *Manual das crianças do Baixo Amazonas*, de Marie Ange Bordas.

Imagem 5: *Arte brasileira para crianças*, de Marilyn Diggs Mange. Editora Martins Fontes.

Imagem 6: *Agujeros de la nariz*, de Genichiro Yagyu. Editora Media Vaca.

Imagem 7: *Olhar a África*, de Regina Claro. Editora Hedra.

Imagem 8: *Arte brasileira para crianças*, de Marilyn Diggs Mange. Editora Martins Fontes.

Imagem 9: *Orbis Pictus*, de Comenius.

Imagem 10: *Mon petit d'homme*, de Vicky Ceelen. Edições Hors Collection.

Imagem 11: *The way things work*, de David Macaulay. Editora Dorling Kindersley.

Imagens 12, 13 e 14: *A pequena semente*, de Véronique Vernette. Editora Pulo do Gato — no prelo.

Imagem 15: *The Natural History Book*. Editora Dorling Kindersley.

Imagem 16: *Manual das crianças do Baixo Amazonas*, de Marie Ange Bordas.

Imagem 17: *Um outro país para Azzi*, de Sarah Garland. Editora Pulo do Gato.

Imagem 18: *The Natural History Book*. Editora Dorling Kindersley.

Imagem 19: *Train: The Definitive Visual History*. Editora Dorling Kindersley.

Imagem 20: *Cathedral: The Story of Its Construction*, de David Macaulay. Editora Houghton Mifflin Harcourt.

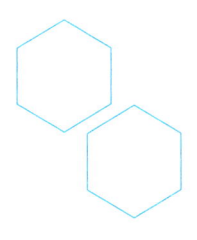

SOBRE A AUTORA

Ana Garralón nasceu em Madri, Espanha. É professora, pesquisadora e especialista em livros infantis, área à qual se dedica desde o final dos anos 1980.

Com larga e diversificada trajetória profissional, que inclui trabalhos em livrarias, editoras, revistas especializadas, universidades, órgãos educacionais públicos e privados etc., Ana tem ativa participação em conferências e congressos internacionais sobre temas voltados à formação de leitores e incentivo à leitura. Uma parte expressiva de seu trabalho nos últimos anos dá especial ênfase à análise, valorização e difusão dos livros informativos para crianças, sobre os quais ministra oficinas e cursos. Integra a equipe de professores do curso *Máster En Libros Y Literatura Infantil y Juvenil* da UAB (Universitat Autònoma de Barcelona).

Publicou *Historia portátil de la literatura infantil* (Anaya, 2001), coordenou diversas antologias e projetos editoriais, entre os quais: *Si ves un monte de espumas* (Anaya, 2002), além do guia *150 libros infantiles para leer y releer* (Cegal, Club Kirico, 2012).

Publica regularmente artigos e resenhas em seu *blog*, referência entre os profissionais das áreas de Literatura e Educação: www.anatarambana.blogspot.com.

Esta obra recebeu
o selo Altamente
Recomendável pela
FNLIJ – Fundação
Nacional do Livro
Infantil e Juvenil.